高速铁路施工机械设备
管理与维修

王纯玉　韩朝宇　主编

延边大学出版社

图书在版编目（CIP）数据

高速铁路施工机械设备管理与维修 / 王纯玉，韩朝宇主编. -- 延吉：延边大学出版社，2023.6
　　ISBN 978-7-230-05140-8

Ⅰ．①高… Ⅱ．①王… ②韩… Ⅲ．①高速铁路－铁路施工－机械设备－管理②高速铁路－铁路施工－机械设备－维修 Ⅳ．①U238

中国国家版本馆CIP数据核字(2023)第108966号

高速铁路施工机械设备管理与维修

主　　　编：王纯玉　韩朝宇	
责任编辑：梁　杰	
封面设计：文合文化	
出版发行：延边大学出版社	
社　　　址：吉林省延吉市公园路977号	邮　　编：133002
网　　　址：http://www.ydcbs.com	E-mail：ydcbs@ydcbs.com
电　　　话：0433-2732435	传　　真：0433-2732434
印　　　刷：三河市嵩川印刷有限公司	
开　　　本：710×1000　1/16	
印　　　张：12	
字　　　数：210 千字	
版　　　次：2023 年 6 月 第 1 版	
印　　　次：2023 年 6 月 第 1 次印刷	
书　　　号：ISBN 978-7-230-05140-8	

定价：65.00 元

编 写 成 员

主　　编：王纯玉　韩朝宇

编者单位：中铁十九局集团有限公司

前　言

高速铁路自诞生以来，以其安全可靠、舒适便捷、绿色环保以及灵活高效的优势备受全球人民的青睐。在外部科技推动和自身需求驱动的双重作用下，高速铁路呈现出向更高速度、更低成本、更绿色高效、多样化应用场景以及多制式协同发展的新趋势。我国高速铁路的发展取得了十分优异的成绩，受到了全世界的瞩目。

在进行高速铁路建设时，少不了运用机械设备开展相应的工作。机械设备的稳定、安全运行是保证高速铁路建设质量的关键，这就要求着相关企业与技术人员要重视机械设备的管理与维修工作。

全书围绕高速铁路施工机械设备展开，重点讨论了高速铁路施工机械设备的管理以及维护，全书共七章，21 万余字，由中铁十九局集团有限公司高级工程师王纯玉、韩朝宇担任主编。其中，第一章、第二章、第三章，以及第四章第一至五节由王纯玉负责编写，共 10.8 万余字；第四章第六至八节、第五章、第六章及第七章由韩朝宇负责编写，共 10.2 万余字。

在撰写本书的过程中，笔者收到了很多宝贵的建议，谨在此表示感谢。同时，笔者参阅了大量的相关著作和文献，在此向相关著作和文献的作者表示诚挚的感谢和敬意。由于笔者水平有限，编写时间仓促，书中难免会有疏漏不妥之处，恳请广大读者批评指正。

笔者
2023 年 3 月

目 录

第一章 高速铁路施工机械设备管理概述 1

 第一节 高速铁路施工机械设备管理的必要性、存在问题
     及其解决措施 1
 第二节 高速铁路施工机械设备现场管理 7

第二章 高速铁路路基施工常用机械设备管理 12

 第一节 推土机的管理 12
 第二节 挖掘机的管理 20
 第三节 平地机的管理 25
 第四节 压路机的管理 28

第三章 高速铁路隧道施工常用机械设备及管理 33

 第一节 装载机的管理 33
 第二节 混凝土搅拌站的管理 40
 第三节 混凝土搅拌运输车的管理 44
 第四节 自卸车的管理 52
 第五节 凿岩台车的管理 54

第四章　高速铁路桥梁施工常用机械设备及管理 64

第一节　运梁车的管理 64

第二节　架桥机的管理 69

第三节　提梁机的管理 82

第四节　起重机的管理 84

第五节　打桩机的管理 88

第六节　螺旋钻孔机的管理 93

第七节　钻机的管理 97

第八节　旋挖钻机的管理 101

第五章　高速铁路其他施工常用机械设备及管理 106

第一节　强夯机的管理 106

第二节　混凝土湿喷机的管理 109

第三节　混凝土泵车的管理 112

第四节　履带起重机的管理 117

第五节　汽车起重机的管理 121

第六节　洒水车的管理 125

第七节　柴油发电机的管理 135

第八节　空气压缩机的管理 140

第九节　电焊机的管理 148

第六章　高速铁路施工机械设备安全管理 153

第一节　机械设备的安全管理与应用 153

第二节　高速铁路施工机械设备安全管理.................................. 156

第七章　高速铁路施工机械设备的维护与保养.................................. 162

　　第一节　高速铁路施工机械设备维护.................................. 162

　　第二节　高速铁路工程机械设备的保养.................................. 167

　　第三节　高速铁路隧道施工机械设备维护保养及管理措施.................................. 170

参考文献.................................. 175

第一章 高速铁路施工机械设备管理概述

第一节 高速铁路施工机械设备管理的必要性、存在问题及其解决措施

一、高速铁路施工机械设备管理的必要性

目前,我国的高速铁路建设正在飞速发展,相应的技术手段也已处于世界领先水平。高速铁路的发展过程也是我们不断探索、创新的过程。高速铁路施工机械化已是一个不争的事实,机械施工大大加快了施工进度,对于克服施工过程中的重点、难点也起着人力不可替代的作用。那么在坚决保证安全和质量的前提下,如何高效发挥机械设备的作用,利用机械设备提高建设效率、节约成本、缩短工期等,是我们接下来研究的重点。

高速铁路建设项目中往往涉及大型桥梁,其预制构件的体积也是相当庞大。当制作工艺不再阻碍施工进度时,提、运、架、梁等的过程就是提高施工效率的关键节点。因此,优化机械设备管理是不可绕过的研究课题。

高速铁路施工中应用的主要机械设备有推土机、压路机、平地机、挖掘机、提梁机、运梁车、架桥(梁)机、移动模架造桥机、移梁机等。这些机械设备绝大多数需要根据工程需要、现场条件等进行选择,有的甚至需要专门定制。

加强机械设备管理，实现施工现场机械设备的高效利用，最大程度降低机械设备故障等客观因素对施工项目的负面影响，有助于在施工过程中对机械设备实现有效卡控，避免各类违规操作设备现象的发生，发挥机械设备的最大效能，提高生产效率，降低机械设备的使用成本，有利于实现项目的预期目标，最大化工程效益，促进生产管理与机械设备管理的和谐统一。

二、高速铁路施工机械设备管理存在的问题

（一）机械设备操作人员不固定

高速铁路项目需要投入大量人员，工程项目部多是临时组建的机构，机械设备调配在所难免，但是机械设备操作人员往往不固定，流动性较大。有些工程项目部可能已有机械设备操作人员，只需要调来机械设备即可开展施工。有些工程项目部则需要重新招募机械设备操作人员。在这种情况下，一方面，机械设备操作人员需要有熟悉机械的过程；另一方面，如果机械设备操作人员不知道机械设备存在的问题和需要注意的事项，就会错误操作机械设备，甚至损坏机械设备。因此，机械设备操作人员不固定是亟须解决的问题之一。

（二）机械设备操作人员的技术素质参差不齐

高速铁路工程规模较大，人员众多，难免存在技术素质不高的操作人员。违章操作会对机械造成伤害，也是对他人安全的不负责。如果因疏于管理，造成操作人员损坏机械设备，也会使施工成本大大增加。

（三）机械设备过度使用

对于施工企业来讲，最大化地利用机械设备进行施工、创造效益是首要目标。但是，由于赶工、加班、抢工期等原因，机械设备往往超负荷运转，这会

产生一些安全隐患，使机械设备提前报废，缩短机械设备使用寿命，甚至造成安全事故。

（四）生产管理与机械设备管理不和谐统一

在施工过程中，掌握全局的大多是工程管理人员，施工机械设备在其手中只是可调配的资源，并不会过多地考虑机械设备维修保养等问题，同时也不精通此类问题。而负责机械设备管理的人员相对处于被支配的地位，此外，有些机械设备管理人员对于工程技术的专业性问题研究的也不是很透彻。在施工过程中，两方的分工很明确，但却没有做到和谐统一，这样不利于高速铁路施工机械设备管理问题的解决。

（五）机械设备的配置待优化

由于行业特点，高速铁路施工企业的工作跨度会很大。如果在工程开工前没有确定好机械设备的配置或者配置欠佳，施工企业在施工中便会处于被动地位，因为调配合适的机械设备往往需要较多的资金和时间。

三、高速铁路施工机械设备管理问题的解决措施

（一）建立健全项目机械设备管理制度

施工企业应建立项目机械设备管理制度，但是不能纸上谈兵，而是要根据实际情况（如施工现场的条件、工程的特点等）制定出适用于项目的制度。

建立健全机械设备管理制度有助于实现高速铁路建设项目上机械设备标准化管理。高速铁路施工项目机械设备管理制度是以施工企业既定的管理制度为依托，根据项目特点、施工环境、设备特性等细化为具有针对性、可实施性的一套机械设备管理办法。高速铁路施工项目机械设备管理制度主要包括项目

机械设备管理实施细则、特种机械设备管理办法、机械设备日常维修养护管理制度、机械设备配置要求细则等。其中，项目机械设备管理实施细则相当于项目机械设备管理的总纲，也是整个项目机械设备标准化管理的主要依据。

项目机械设备标准化管理是实现高效施工的保障，整套标准化管理的实施是解决问题的关键。

（二）实现机械设备维修标准化管理

子曰："工欲善其事，必先利其器。"（《论语》）机械设备的日常维修保养很重要，因此，作业量再大，任务再重也不应该耽误机械设备的日常检修工作。有些高速铁路项目施工过程中，除了机械设备彻底停止运转进行大修外很难有机会进行系统的检修，这种做法是不恰当的。

机械设备的标准化管理就是将其日常管理正规化、制度化，重视起来。作为机械设备的管理人员，有责任和义务明确维修保养的任务，制定相应细则规范操作人员的维修保养工作，提供正确、安全、科学、可靠的方法对机械设备进行日常的维护保养。

项目的领导以及技术管理人员也应重视并参与进来，负责机械设备日常维修保养工作的监督任务，督促相关人员按时完成作业。

（三）严抓机械设备的基础管理

所谓的机械设备基础管理即对机械设备相关资料的管理。许多施工公司将机械设备的详细资料存放于机械管理部门中，只在施工检查时才会使用。针对项目部而言，可能仅有的是机械进出场台账、少量的技术资料等，重点都放在对机械的使用方面，缺乏细致的资料管理。因此，加强对机械设备的基础管理是很有必要的。

使用期间，项目部要分配不少于两名的机械设备基础管理技术员和一名专职设备安全技术人员，负责设备资料、安全技术等的管理工作，内容主要包括产品出厂合格证检查、型式检验报告检查、维修保养记录、特种设备安全防护装置定期检查记录、特种设备定期和不定期专项检查记录等。

（四）做好相关人员的工作管理

（1）不断加强高速铁路施工机械设备管理队伍的建设，充分发挥管理部门的职能，以提高机械设备的使用效率。高速铁路施工不但要有先进的配套机械设备，更要有专业的人才以及切实可行的相关管理办法、规章制度。从高速铁路施工机械管理存在的问题不难看出，强化机械设备的管理队伍刻不容缓。但是仍然有项目管理者以为提高施工效率就是抓生产、提业绩，在机械设备管理方面的意识还有所欠缺，认为这项工作无足轻重。项目管理者在此方面的缺失会造成管理职能的削弱，致使机械设备使用效率大大降低，给项目造成一定损失。所以，应加强项目管理者对机械设备管理工作的认识，强化机械设备管理队伍。

（2）严抓技术人员的素质教育，加大专业培训力度。随着高速铁路建设的不断发展，相关的知识体系也在更新换代，有些机械设备管理人员相关知识水平难以应对如今先进的机械设备。部分老员工对电脑操作、液压器件的使用无法做到得心应手，这会使他们在施工过程中遇到了问题不能及时发现和解决，这对机械设备性能的充分发挥产生了影响。要想将机械设备的管理工作做好，技术人员的专业水平也是一个制约条件，除了技术人员自身的努力外，企业加大专业培训力度也是至关重要的。有计划地选拔满足条件的技术人员接受相关的技术理论培训，督促、激励他们不断学习，将工人培养成岗位上的能手，可以提高施工企业的竞争力和生产力水平。

（五）重视机械设备使用的安全管理

安全管理是机械设备管理的重中之重。高速铁路工程项目一般都是比较大型的施工项目，其中所涉及的大型机械设备数量众多，对机械设备的管理直接与项目施工的生产安全挂钩。大型机械设备一旦出现安全事故，基本都是重大事故，甚至会有重大人员伤亡发生。进行机械设备的安全管理就是为了将机械安全事故扼杀在萌芽状态，保证机械设备的使用安全，保障施工人员的人身安全。

高速铁路施工的安全管理重在大型设备管理，必须足够重视任何一个作业环节。通过制度保证，落实生产安全责任制，加强标准化管理，加强对设备维修保养与技术改造，加强对人员的管理培训，是做好高速铁路施工机械设备安全管理的关键。

（六）严格实行机械设备状态评估管理

为确保机械设备运转状况良好，有必要制定机械设备使用的评估制度。在施工现场往往存在这样的现象，机械设备使用过后，不去评估机械设备的状态，不是运回总部，就是等待命令，或者直接封存，在下次施工应用之前基本不会再检修，甚至干脆就不检修。有些管理者认为，评估机械设备状态会消耗人力、物力，会对工程总体的业绩和利润产生影响。但是这样做无疑是压榨机械设备的剩余价值，从长远看对企业是不利的。为了充分发挥机械设备的性能，更加高效地完成施工任务，间歇性实行机械设备技术状况评估是很有必要的。在机械设备结束使用之后，项目部可向机械设备管理部门汇报机械设备技术状况，提请对机械设备进行评估，为机械设备退场做准备。对于评估后没有问题的机械设备，可组织退场；对于评估后技术状况不好的机械设备，则必须就地修理或送到修理厂，修理费用从刚完成的工程费中支付，为下一期工程的顺利使用打好基础。机械设备退场时必须持有评估部门的批准手续方可退场。同时，新开工项目必须对投入使用的机械设备进行技术评估，技术状况达不到要求的设备一律不得使用。

（七）合理控制机械设备使用成本

成本控制是企业不变的旋律，是获得利润的关键所在。机械设备的使用成本在高速铁路工程中占据了相当大的比重。为了最大程度降低工程造价，必须将机械设备的成本始终控制在较低水平，以实现施工企业利润的最大化。笔者认为，管理好机械设备的使用成本将会大大降低工程项目的总体造价。合理控制机械设备使用成本具体可从以下三个方面进行：

（1）合理配置资源，优化项目施工组织方案。在优秀的项目施工组织方案的指导下，合理配置机械设备资源，加强日常的维护保养，充分发挥机械设备的性能，以直接降低占用成本。

（2）附属资金消耗控制。有关部门应科学合理地安排好机械设备的维修费、配件费、燃料消耗费等各项使用费用。

（3）机械设备使用成本控制的具体措施还体现在对机械设备进行单机核算，对机械设备使用成本超标的机械设备进行分析，查出超标原因，制订改正计划；同时，对各种机械设备的操作人员进行考核，节奖超罚。

第二节　高速铁路施工机械设备现场管理

一、高速铁路施工机械设备现场管理的意义

对于高速铁路工程，施工机械设备的现场管理也是项目标准化管理的重要内容之一。管理团队和操作人员应严格落实设备管理制度，做好标准化现场管理工作，提高机械设备在场期间的使用效率，规避机械设备管理风险，杜绝生产事故发生，降低使用成本。提高高速铁路施工企业的机械设备管理水平，对

提高施工企业市场竞争力，促进施工企业可持续发展具有重要意义。

二、高速铁路施工机械设备现场管理的措施

（一）精修细管，严把机械设备安全关

1. 完善机械设备现场管理制度

开工伊始，项目部应指定分管领导岗位职责，明确责任部门，安排机械设备管理经验丰富的人员根据上级单位制定的机械设备管理办法，结合项目实际情况制定贴合项目现场管理的物资设备管理规定和大型机械设备管理规定，并制定严格的奖惩办法；同时指导各分部结合现场实际情况，细化各类设备管理办法，完善外租设备管理制度。两级制度中应注重机械设备"一机一挡"管理，明确运转记录、交接班记录和维修保养制度。一系列的制度能确保项目施工生产中机械设备的正常运转，充分说明了完备的机械设备现场管理制度是机械设备管理标准化的基础。

2. 严控机械设备进场验收，杜绝不合格机械设备进场

进场机械设备状况的优劣直接影响到施工安全、施工进度和经济效益。一般自购或者租用的大型机械设备，其进场前要经过检查验收，租赁方或厂家负责提供机械设备的相关验收资料。开工初期，项目各工点需要践行业主"大干快上"的管理要求。为确保工点开工率，需要进场的机械设备很多，其中通用的外租机械设备占比较大，如各种型号的挖掘机、装载机、汽车吊等，这些机械设备一般由所有人自带操作员，并负责维修保养。但现实中大多数操作人员只知道如何操作，并不懂得如何保养或常常保养不及时，导致设备状况较差，进而带来安全隐患。因此，在机械设备进场时，必须仔细检查机械设备的外观状态、性能等，了解每台机械设备的使用年限，查看机械设备产品合格证、使用说明书以及特种设备检测报告等必检材料，建立机械设备管理台账，按照一

般设备、特种设备分类收集归档，同时还应对操作人员进行"三级教育"和安全技术交底考核，使管理人员能够了解操作人员的水平，使操作人员及时了解现场情况。所有机械设备，须驻场监理报验通过后才能进入施工现场作业。

3. 高效排除设备故障

高速铁路施工一般以架梁施工作为进度管理主线，线下工程作业均以确保架梁通道为首要目标。以昌赣客专 CGZQ-4 标项目为例，该项目共有 573 片大型箱梁，涉及全线 26 座桥梁，架梁通道是项目施工进度管理的命脉，也是项目 CRTSⅢ型板式无砟轨道施工的前提保障。因此，项目箱梁架设能否按期完成关系着项目的成败，而箱梁架设主要依靠大型提、运、架机械设备，保证相关机械设备的正常运转是当时项目管理的重中之重。在项目施工高峰期，为了减少因为提、运、架机械设备故障而导致延误架梁工期问题，项目部成立了专业维修队伍，让其 24 h 待命，并利用机械设备施工间隙迅速进行维修保养，以保证设备的正常运转；安排专人巡查运梁通道，确保运梁通道上无杂物干扰。高速铁路项目部应与机械设备维修厂商进行合作，安排专业人员入驻现场，配齐易损消耗配件，使机械设备出现故障时能立即排除故障，从而保障机械设备的高效、正常运转。在日常设备例行检查中，发现问题要及时维修，特别是特种设备，切不可因害怕耽误工期而不对机械设备进行系统维修，一旦出现安全事故将得不偿失。

4. 外租设备纳入自有设备管理，补齐安全短板

昌赣客专 CGZQ-4 标项目各分部外租机械设备较多，特别是通用机械设备。一开始，管理者认为，外租机械设备只需按月支付租赁费用，其他如机械设备的维修保养、人员安全等问题全部由出租方负责。但一段时间后，项目部管理人员就发现外租机械设备管理混乱，存在诸多安全隐患。为迅速补齐安全短板，项目部做了以下工作：

（1）从思想上予以重视，大力宣传国家相关法律法规和其他管理制度对外租机械设备生产事故的规定，并进行相关事故案例介绍，使机械设备管理人员能够深刻认识到他们是施工主体，出现任何安全问题都须承担相应责任。

（2）外租机械设备，因为流动性很强，机械设备性能及潜在安全隐患更应得到关注。因此，须将外租机械设备严格按照自有机械设备进行管理，把好机械设备进场验收关，同时与出租方签订租赁合同和安全协议，明确双方职责。机械设备进场后对相关人员做好相关安全交底和教育培训工作，明确作业风险并督促出租人加强机械设备日常维修保养，并做好机械设备运转、维修和交接班记录等工作。

（二）强化培训教育，严把人员安全关

1.加大专业培训力度，提高管理人员与操作人员的职业素质

施工一线机械设备管理人员匮乏是许多施工单位面临的现状，不少现场管理人员对机械设备的电脑控制、液压元件及操作流程等都是一知半解，只能依托操作人员，但操作人员安全意识局限性较强，这导致现场诸多问题不能被及时发现和解决，直接影响了机械设备的使用效率和功能的发挥。因此，要注重机械设备管理人员的专业知识培训，对一线操作人员要强化安全意识培训，使管理人员和操作人员实现互补，达到一加一大于二的效果。同时要适时开展相关技能竞赛活动和安全知识宣讲，以提高管理人员与操作人员的职业素质。

2.严格管理制度，杜绝无证上岗

不可否认，机械设备操作人员无证上岗的安全隐患极大。在施工高峰时期，施工工点多，机械设备流动性强，项目部机械设备管理人员的工作任务繁重。为了确保机械设备操作人员满足要求，防止非操作人员无证作业，减少管理压力，堵住安全漏洞，项目部可要求机械设备操作人员将证件复印件粘贴于安全帽侧面，以杜绝作业人员无证上岗操作机械设备的情况，从而降低安全风险。

3.强化班前教育制度，增强责任心

班前教育在施工生产中尤为重要，要想强化班前教育制度，一方面应点名

查看作业人员状况，另一方面应对作业人员进行有针对性的安全、技术等方面的教育。科学、定时的班前教育，有助于使作业人员明确自己的职责，有助于增强作业人员的责任心。在机械设备管理中，以温和的态度和换位思考的处事方式替代粗暴的态度和命令式的处事方式，往往能够取得事半功倍的管理效果。

第二章　高速铁路路基施工常用机械设备管理

第一节　推土机的管理

一、推土机简介

推土机是一种在工业拖拉机或专用牵引车前端装有推土装置,对土石方或散状物料进行切削或搬运的土方机械。作业时,放下推土刀,向前铲掘并推送物料至预定地点。推土刀有固定式和回转式两种。固定式推土刀与机械纵轴线固定成直角,只能升降,由于经济性好,常用于大型与小型推土机。回转式推土刀可斜装(将土堆卸于侧面)、侧装(用于挖沟),大多为液压操纵,可强制切土,应用范围广,多用于中型推土机上。大型推土机也有机械操纵的。推土机科用于建设排土场,平整汽车排土场,堆集分散的矿岩,平整建筑场地等。推土机开挖的基本作业是铲土、运土、卸土。

二、推土机的分类

（一）按行走方式分

按行走方式划分，推土机可分为履带式和轮胎式两类。履带式推土机附着牵引力大，接地比压小（0.04～0.13 MPa），爬坡能力强，但行驶速度低。轮胎式推土机行驶速度高，机动灵活，作业循环时间短，运输转移方便，但牵引力小，适用于需经常变换工地和野外工作的情况。

（二）按用途分

按用途分，推土机可分为通用型和专用型两类。通用型推土机是按标准进行生产的机型，广泛用于土石方工程。专用型推土机用于特定的工况下，有采用三角形宽履带板以降低接地比压的湿地推土机、高湿工况下作业的推土机等。

三、推土机的构成和工作原理

（一）推土机的构成

推土机主要由发动机、传动装置、行走装置、转向制动装置、工作装置、外部设备及电气系统等部分组成。下面重点介绍传动装置、工作装置和行走装置。

1.传动装置

由于推土机作业时推土阻力变化急剧及操纵频繁，主离合器工况恶劣，因此广泛采用湿式离合器；动力换挡变速器换挡时不切断动力，换挡时间短，换挡平稳，且结构紧凑、操作轻便；后桥箱的中央传动常采用弧齿锥齿轮传动；

终传动采用传动比比较大的二级直齿减速或行星齿轮结构。

2.工作装置

工作装置包括推土铲刀和松土器。推土铲刀可分为固定式铲刀和回旋式铲刀两种，固定式铲刀的推土板和推土机纵向轴线平面垂直，通过螺杆或液压缸调整斜撑杆长度，可改变铲刀在垂直平面内的倾角（即侧倾角），调整范围在±12°之内；回旋式铲刀推土板能在水平面内回转一定角度。推土板与推土机纵向轴线平面夹角称为回转角，一般在60°～90°。为了平衡铲刀侧倾及偏载和横向载荷时顶推架的受力，并使外载荷均衡地传至推土机机体，固定式铲刀通常设置平衡补偿机构。松土器悬挂在推土机后部，用来松散岩质硬土。松土器按连杆机构不同可分为单连杆、双连杆和多连杆等类型。单连杆松土器结构简单，但松土角度随松土深度的变化改变较大，影响松土性能；双连杆松土器弥补了单连杆松土器的不足，松土角度可基本保持不变；多连杆松土器容易调整到松土阻力最小的最佳松土角度，有利于提高松土性能。松土齿的个数一般为单齿或三齿，松土齿的齿距为 0.8～1.4 m，松土齿的齿镶块磨损后可更换。

3.行走装置

推土机的行走方式有轮式和履带式两种，由于作业对象不定、作业条件恶劣、载荷变化大、作业工序反复循环以及操作频繁等，行走装置根据不同的工作环境有不同的结构特点。因为履带式行走机构在作业时牵引性能好，比轮胎式行走机构优越，所以推土机以履带式行走机构为主。

（二）推土机的工作原理

推土机的基本作业过程为循环作业。首先，推土机将铲刀下降至地面下一定深度，该深度通过调整铲刀的升降量来实现。其次，推土机向前行驶进行铲土作业。铲土完成后，铲刀略微提升使其贴近地面，推土机继续前进行驶，此为推土作业过程。当推土机至卸土地点时，提升铲刀，慢速前行，此为卸土作业过程。最后，卸土完成，推土机倒退或掉头快速行驶至铲土地点开始下一个作业循环的铲土作业。

四、推土机常见故障排除

（一）主离合器打滑

当推土机主离合器打滑时，发动机转速正常且不冒黑烟，工作装置工作正常，但机器爬坡吃力，甚至不能行走。主离合器打滑是推土机最常见的故障，主要原因有主动片、从动片磨损，调整盘的锁销开焊，主离合器操纵杆不到位，调整盘与飞轮盖端的螺纹咬合较差等。离合器打滑故障有时非常难处理，一般修理工的处理方法是反复旋转调整盘。如果多次调整调整盘后离合器仍然打滑，则常常是先拆下变速器并盲目地拆卸主离合器，这样不仅不易找到故障点，还易损坏其他零件。笔者认为，排查时应根据上述可能原因进行仔细分析才能见效，如：某单位有一台黄河 TY220 型推土机，工作中主离合器有时出现打滑现象，初期通过调整其调整盘机器还能勉强工作，但没过多久锁销丝杆脱扣，于是拆下主离合器将锁销的两条丝杆全部换新，并且检查了所有的零件（零件没有损坏，而且主、从动片基本上没有磨损），之后机器恢复了正常。但过了一个月，主离合器又出现了打滑现象，甚至每隔 2 h 就要调整一次离合器，使施工无法连续进行。当时，维修人员曾决定更换全套主离合器，但这样做不仅浪费资金，而且由于生产繁忙时间也不允许，后经多次调整，推土机也只是推几铲或几十铲后离合器就开始出现打滑现象，最后判定是调整盘与飞轮盖端的螺纹咬合变差所致。因而在调整好主离合器后，将锁销丝杆采用防松螺母锁死。经此法处理后，该机使用了半年再未调整过主离合器，说明故障点找对了。

（二）主离合器操纵杆沉重

主离合器操纵杆沉重的主要原因有：滤油器堵塞导致供油不足，使助力器不起作用；主离合器液压系统缺油；助力器损坏或助力器安全阀有问题；移动套内的双金属套烧损；等等。当出现离合器操纵杆沉重故障时，应先检查其液压系统的油位是否满足要求。如果油位合适，可临时拆下滤油器，然后扳动主离合器操纵杆，如果感到操纵杆变轻，则说明滤油器被堵塞，此时只需清洗或更换滤油器即可。如果油路正常，但主离合器操纵杆沉重，可先检查助力器安全阀是否卡住或泄油，若助力器安全阀无问题，则必须检查助力器，或检查移动套内的双金属套是否烧损，必要时可换新。

（三）换挡时齿轮发出异响，难以啮合

换挡时齿轮发出异响，难以啮合的主要原因有调整盘过紧、手制动器制动效果不良等。当调整盘过紧时，主离合器分离比较困难，因而无法切断动力，造成换挡时齿轮发出异响。此时，应逆时针调整调整盘至适当位置。调整主离合器时，只要在拉主离合器手柄时能清晰地听到越过死点时清脆响声即可。如果手制动器制动效果不良，将会造成主离合器虽然分离但主离合器轴由于惯性仍然在旋转（按要求，主离合器在分离状态时，主离合器轴应在3s内停转），因而换挡时齿轮难以啮合并发出异响。此时，须调整或更换小制动带。

（四）主离合器接合不上

主离合器接合不上的主要原因有联板上的短销轴脱落、移动套的重锤装反、修理过程中未将主离合器上盖等。针对此故障，应检查移动套短销轴是否脱落及移动套的重锤是否装反（如果重锤装反，会使移动套无法进入调整盘），必要时可拆下移动套，重新铆紧短销轴，并安装好调整盘。如果主离合器杠杆轴安装不到位，应按规定将杠杆轴调整到位。

五、推土机的检查保养

（一）推土机的日常检查

推土机日常检查的主要事项包括：高压管的接头、油缸、浮动油封、散热器片、水管接头等是否泄漏，如有应及时排除；电器系统有无断线、短线，接线柱是否松动，如果有应及时排除；发动机油底壳油量；等等。在发动机停机状态时，应首先确定发动机油压表、水温计示数是否在正常范围，然后取出油尺查看液面是否在油尺上下刻度线之间。如需添加机油，打开注油口加入。检查油位时，应将车辆停在水平地面上。添加机油时，油位不要高出"H"标记。

（二）推土机的保养

1. 最初 250 h 的保养

（1）更换燃油过滤器。

（2）更换机油粗、细过滤器。

（3）更换变速箱、后桥箱油。

（4）更换工作油箱内的油。

（5）更换工作油箱过滤器滤芯。

（6）更换终传动箱内的油。

（7）清洗变速转向滤芯。

（8）紧固喷油器安装螺钉。

（9）检查和调整发动机气门间隙。

2. 每 500 h 的保养

（1）更换防腐剂储存器。

（2）关闭防腐剂储存器上部两个阀门。

（3）往左拧下滤筒式滤芯。

（4）在密封面涂发动机油，换上新元件。

（5）安装时，在密封面与盖接触后再紧固 1/2～3/4 圈（不要拧得过紧）。

（6）更换后打开阀门。

（三）推土机检查保养的注意事项

1.履带保持适当的张紧度

如果履带的张紧度过高，引导轮弹簧张力作用于履带销及销套，销子外圆和销套内圆一直受到高挤压应力，运转时销和销套产生较快的磨损，同时引导轮张紧弹簧的弹力还作用于引导轮轴和轴套，产生很大的表面接触应力，这会使引导轮轴套容易磨成半圆，履带节节距容易拉长，并且会降低机械传动效率，浪费发动机传给驱动轮和履带的功率。

如果履带的张紧度过低，履带容易脱离引导轮和支重轮，而且履带会失去正确的对中，在运行过程中容易波动、拍打、冲击等，造成引导轮和托轮的异常磨损。

履带张紧度的调整，是通过给张紧缸注油嘴加注润滑脂（也称"黄油"）或从放油嘴放出黄油进行的，应参照各机型的标准间隙做调整。当履带节节距拉长到需要拆下一组履带节时，驱动轮齿面与销套的啮合面也会产生异常磨损，此时应在啮合状况恶化前进行适当处理，如将销与销套翻面，更换磨损过度的销与销套，更换履带节总成等。

2.保持引导轮位置对中

引导轮不对中对行走机构其他零件有严重影响，因此调整引导轮导板与履带架之间的间隙（修正不对中）是延长行走机构寿命的要点。调整时用导板与轴承之间的垫片来修正，如果间隙大，拆去垫片；间隙小，增加垫片。标准间隙为 0.5～1.0 mm，最大许可间隙为 3.0 mm。

3.在适当时刻将履带销与销套翻面

在履带销与销套的磨损过程中，履带节节距被逐渐拉长，造成驱动轮与销套的啮合不良，导致销套破损和驱动轮齿面异常磨损，会引起蛇行、拍打、冲击，大大缩短行走机构的寿命。当通过调整张紧度仍不能恢复节距时，就需要将履带销和销套翻面，以得到正确的履带节节距。在现场有两种决定履带销与销套翻面的时刻，一种方法是查定履带节节距拉长 3 mm 的时刻，另一种方法是查定销套外圆直径磨损 3 mm 的时刻。

4.螺栓螺母及时拧紧

当行走机构的螺栓松动时，容易折断或丢失，引发一系列的故障。日常检修保养应检查以下螺栓：支重轮和托轮的安装螺栓、驱动轮齿块安装螺栓、履带板安装螺栓、支重轮护板安装螺栓、对角撑条头安装螺栓。主要螺栓的拧紧扭矩应参考各机型的说明书。

5.及时润滑

行走机构的润滑非常重要，很多支重轮轴承"烧死"而导致报废就是因为漏油而没有及时发现。推土机以下五个部位容易漏油：由于挡环和轴之间的 O 形圈不良或损坏，从挡环外侧与轴之间漏油；由于浮封环接触不良或 O 形圈缺陷，从挡环外侧与支重轮（托轮、引导轮、驱动轮）之间漏油；由于支重轮（托轮、引导轮、驱动轮）与衬套之间的 O 形圈不良，从衬套与滚轮之间漏油；由于加油口螺塞松动或锥形螺塞密封的座孔损坏，在加油螺塞处漏油；由于 O 形圈不良，在挡盖与滚轮之间漏油。因此，平时应注意检查以上部位，并按照各部位的润滑周期定期添加、更换润滑油。

6.检查裂纹

应及时检查行走机构的裂纹，并及时焊修、加强。

第二节　挖掘机的管理

一、挖掘机的分类

挖掘机，又称挖土机，是一种用铲斗挖掘高于或低于承机面的物料，并装入运输车辆或卸至堆料场的土方机械。挖掘机通常分为单斗挖掘机和多斗挖掘机两类，除此以外，常见挖掘机的分类还有：

（一）按驱动方式分

按驱动方式的不同，挖掘机可分为内燃机驱动挖掘机和电力驱动挖掘机两种。其中，电力驱动挖掘机主要应用在高原缺氧地区、地下矿井和其他一些易燃易爆的场所。

（二）按行走方式分

按照行走方式的不同，挖掘机可分为履带式挖掘机和轮式挖掘机。

（三）按传动方式分

按照传动方式的不同，挖掘机可分为液压挖掘机和机械挖掘机。机械挖掘机主要用在一些大型矿山上。

（四）按用途分

按照用途来分，挖掘机可分为通用挖掘机、矿用挖掘机、船用挖掘机、特种挖掘机等。

（五）按铲斗分

按照铲斗来分，挖掘机可分为正铲挖掘机、反铲挖掘机、拉铲挖掘机和抓铲挖掘机。正铲挖掘机多用于挖掘地表以上的物料；反铲挖掘机多用于挖掘地表以下的物料。

二、挖掘机的构成

挖掘机一般由动力装置、传动装置、行走装置、工作装置和操作控制系统组成。此外，单斗挖掘机和斗轮挖掘机还有转台，多斗挖掘机有物料输送装置。

动力装置有电驱动、内燃机驱动和复合驱动三种形式。中小型机多用柴油机或柴油机-电动机复合驱动，大型机用电动机驱动。

传动装置有机械传动、液压传动和复合传动三种形式，常见的是液压传动，即通过液压泵将发动机的动力传递给液压马达、液压缸等执行元件，推动工作装置完成各种作业。

行走装置用来支承机器，使机器变换工作位置和转移作业场地。行走装置有履带式、轮胎式、步行式、轨行式、浮游式和拖挂式等。

工作装置由动臂、斗杆、铲斗等三部分铰接而成，用于完成挖掘作业。为了适应各种不同施工作业的需要，挖掘机可以配装多种工作装置，如挖掘、起重、装载、平整、夹钳、推土、冲击锤等作业工具。

三、挖掘机常见故障的预防措施

（1）严格按照操作规程和驾驶要领进行操作，尽量避免换挡时"打齿"，以减少齿轮副的磨损。

（2）严格执行保养制度，加强换挡装置的维护保养。当换挡装置杆连接不当时，应及时调整，确保换挡装置的性能良好。

（3）注重对自锁机构的维修与保养，对定位作用降低或失去定位效能的定位钢球、弹簧及拨叉轴，应及时修复或更换，使自锁机构的自锁性能处于良好状态。

（4）组装变速器时，应严格按操作规程进行操作，确保变速器各机件调整正确、紧定适当。在遇到较大的下坡路面时，驾驶员应严格按照下坡的动作要领进行操作，切不可违规操作。

四、挖掘机的维护保养

对挖掘机实行定期维护保养的目的是减少机器的故障，延长机器使用寿命，缩短机器的停机时间，提高工作率，降低作业成本。

（一）燃油的管理

要根据不同的环境温度选用不同牌号的柴油。柴油不能混入杂质，否则会使燃油泵过早磨损。劣质燃油中的石蜡与硫的含量高，会对发动机产生损害，因此应选用优质燃油。每日作业完后，燃油箱要加满燃油，防止油箱内壁产生水滴。每日作业前，应打开燃油箱底的放水阀进行放水。在发动机燃料用尽或更换滤芯后，须排尽管路中的空气。

（二）其他油的管理

挖掘机除使用燃油外，还使用发动机油、液压油、齿轮油等。不同品种挖掘机用的油不同，因此不得混加。此外，还要保证油的清洁，防止杂物（水、粉尘、颗粒等）混入。要根据环境温度和用途选择所用油的型号：环境温度高应选用黏度大的机油，环境温度低应选用黏度小的机油；黏度相对较大的齿轮油，可以适应较大的传动负载；黏度相对较小的液压油，可以减少液体流动的阻力。

（三）润滑脂管理

采用润滑脂可以减少运动表面的磨损，防止出现噪声。润滑脂存放保管时，不能混入灰尘、砂粒等杂质。推荐选用锂基型润滑脂 G2-L1，抗磨性能好，适用重载工况；加注时，要尽量将旧油全部挤出并擦干净，防止沙土黏附。

（四）滤芯的保养

滤芯起到过滤油路或气路中杂质的作用，能防止杂质侵入系统内部而造成故障，各种滤芯要按照（操作保养手册）的要求定期更换。更换滤芯时，应检查是否有金属附在旧滤芯上，如发现有金属颗粒应及时诊断和采取改善措施。应使用符合机器规定的纯正滤芯，伪劣滤芯的过滤能力较差，其过滤层的面和材料质量都不符合要求，会严重影响机器的正常使用。

（五）定期保养的内容

（1）新机工作 250 h 后就应更换燃油滤芯和附加燃油滤芯，检查发动机气门的间隙。

（2）日常保养：检查、清洗或更换空气滤芯；清洗冷却系统内部；检查和拧紧履带板螺栓；检查和调节履带张紧度；检查进气加热器；更换斗齿；调节铲斗间隙；检查前窗清洗液液面；检查、调节空调；清洗驾驶室内地板；更换破碎器滤芯（选配件）。需要注意的是：在清洗冷却系统内部时，应待发动机充分冷却后，缓慢拧松注水口盖，释放水箱内部压力，然后才能放水；严禁在发动机工作时进行清洗工作，因为高速旋转的风扇是比较危险的；当清洁或更换冷却液时，应将机器停放在水平地面上。

（3）启动发动机前的检查项目：检查冷却液的液面位置高度（加水）；检查发动机机油油位（加机油）；检查燃油油位（加燃油）；检查液压油油位（加

液压油）；检查空气滤芯是否堵塞；检查电线；检查喇叭是否正常；检查铲斗是否润滑；检查油水分离器中的水和沉淀物。

（4）每100 h保养项目：检查动臂缸缸头销轴；检查动臂脚销；检查动臂缸缸杆端；检查斗杆缸缸头销轴；检查动臂、斗杆连接销；检查斗杆缸缸杆端；检查铲斗缸缸头销轴；检查半杆连杆连接销；检查铲斗缸缸杆端；检查铲斗缸缸头销轴；检查斗杆连杆连接销；检查机油油位；从燃油箱中排出水和沉淀物。

（5）每250 h保养项目：检查终传动箱内的油位（加齿轮油）；检查蓄电池电解液；更换发动机油底壳中的油，更换发动机滤芯；检查润滑回转支承；检查风扇皮带的张紧度，并检查空调压缩机皮带的张紧度，并作适当调整。

（6）每500 h保养项目：完成每100 h和250 h保养项目；更换燃油滤芯；检查回转小齿轮润滑脂的高度（加润滑脂）；检查和清洗散热器散热片、油冷却器散热片和冷凝器散热片；更换液压油滤芯；更换终传动箱内的油（仅首次在500 h时进行，以后每1 000 h一次）；清洗空调器系统内部和外部的空气滤芯；更换液压油通气口滤芯。

（7）每1 000 h保养项目：完成每100 h、250 h和500 h保养项目；更换回转机箱内的油；检查减振器壳体的油位（加机油）；检查涡轮增压器的所有紧固件；检查涡轮增压器转子的游隙；发电机皮带张紧度的检查及更换；更换防腐蚀滤芯；更换终传动箱内的油。

（8）每2000 h保养项目：完成每100 h、250 h、500 h和1000 h的保养项目；清洗液压油箱滤网；清洗、检查涡轮增压器；检查发电机、启动电机；检查发动机气门间隙（并调整）；检查减振器。

（9）4000 h以上的保养。每4000 h增加对水泵的检查；每5000 h增加更换液压油的项目。

（10）机器长期停放时，为防止液压缸活塞杆生锈，应把工作装置就地放置；整机洗净并干燥后停放在干燥的室内，如条件受限只能在室外存放时，应把机器停放在排水良好的水泥地面上；停放前加满燃油箱，润滑各部位，更换液压油和机油，液压缸活塞杆外露的金属表面涂一层薄薄的黄油，拆下蓄电池的负极接线端子，或将蓄电池卸下单独存放；根据最低环境温度在冷却水中加入适当比例的防冻液；每月启动发动机一次并操作机器，以便润滑各运动部件，同时给蓄电池充电，并打开空调制冷运转 5~10 min。

第三节　平地机的管理

一、平地机简述

平地机是土方工程中用于整形和平整作业的主要机械，广泛用于公路、机场等大面积的地面平整作业。平地机是利用刮刀平整地面的土方机械。刮刀装在机械前后轮轴之间，能升降、倾斜、回转和外伸。平地机的动作灵活准确，操纵方便，平整场地有较高的精度，适用于构筑路基和路面、修筑边坡、开挖边沟，也可搅拌路面混合料、扫除积雪、推送散粒物料以及进行土路和碎石路的养护工作。

平地机在路基施工中，能为路基提供足够的强度和稳定性。它在路基施工中的主要作业有平地作业、刷坡作业等。平地机是一种高速、高效、高精度和多用途的土方工程机械，它可以完成公路、农田等大面积地面的平整、挖沟、刮坡、推土、排雪、疏松、压实、布料、拌和、助装和开荒等工作，是国防工程、矿山建设、道路修筑、水利建设和农田改良等施工中的重要设备。有的新型平地机将机器的操控系统集成在一个类似于飞机操控杆的操作手柄上，让操作机手可以更好地完成施工任务。

二、平地机的构成

平地机有拖式平地机和自行式平地机两种。拖式平地机由牵引车牵引；自行式平地机由发动机驱动行驶和作业。由于高速铁路施工中常用自行式平地机，下面主要介绍自行式平地机的构成。

自行式平地机主要由发动机、机架、动力传动系统、行走装置、工作装置以及操纵控制系统等组成。

发动机多采用工程机械专用柴油机，多数柴油机还采用了废气涡轮增压技术。

机架是连接前后桥的弓形架，在机架上安装有发动机、动力传动装置、驾驶室和工作装置等。

动力传动系统一般由主离合器（或液力变矩器）、变速器、后桥传动、平衡箱串联传动装置等组成。

行走装置有后轮驱动型和全轮驱动型两种。当全轮驱动时，后轮的动力由变速箱输出，由万向节和传动轴或液压传动把动力传递至前桥。

工作装置包括回转刮刀、松土耙、前推土板和重型松土器等，其中刮刀是主要工作装置。多数平地机将耙土器装在刮刀与前轮之前，用来帮助清除杂物和疏松表层土壤。此外，通常在平地机尾部安装松土器，在平地机前面安装推土板，用来配合挂图作业。耙土器、松土器和推土板均属平地机的附属工作装置，根据实际需求，可加装其中一种或两种。

操纵控制系统包括作业装置操纵系统和行驶操纵系统。作业时，工作装置可完成的动作包括刮刀的左右移动、顺倾、水平回转、升降、铲土角调整、随机体前进、随回转圈一起侧移等。这些动作都通过作业装置操纵系统实现。行驶操纵系统控制平地机的前进、后退等。

三、平地机的维护保养的关键

平地机所用的各种泵、阀类元件中，相对运动件间的配合间隙及工作表面均较小，液压元件中还有不少阻尼孔和缝隙式控制阀口等，如果油液中混入污物，就会发生阻塞现象，甚至划伤配合表面，增加泄漏风险，甚至卡住阀芯，造成元件动作失灵。因此保持油液清洁是液压系统维护的关键。

（1）液压油必须经过严格的过滤。向液压油箱中注油时，可使用 120 目以上的滤油器。

（2）要定期检查油液的清洁度，并根据工作情况定期更换，更换时应尽可能地把液压系统内存的油液排出。这时，可使用系统外循环方法，这一方法的可操作性比较强。使用这一方法的具体步骤如下：先把油箱、散热器中的废油放掉，然后加注新油；把进入到油箱中的回油管拆下，启动发动机，使废油从回油管中完全流出。特别需要强调的是，应及时观察油箱内油面的变化，保证油面的安全高度。换用新油时应同时更换滤清器的滤芯。

（3）液压元件不要轻易拆卸，如必须拆卸时应将零件用煤油或柴油清洗后放在干净的地方，避免重新装配时混入杂质。

第四节　压路机的管理

一、压路机简述

压路机是由一个或多个金属圆柱形滚子（滚筒）或橡胶轮胎组成的压实机械。压路机通过压实装置的滚动或振动压碎岩石，压实土壤、沥青混凝土或砾石等。

根据压实原理，压路机主要分为静作用压路机和振动压路机两种类型。

（一）静作用压路机

静作用压路机靠碾压轮自重及荷重所产生的静压力直接作用在被压实材料上，使被压实材料固体颗粒相互紧靠而形成具有一定强度和稳定性的整体结构。静作用压路机包括轮胎式压路机和钢轮式压路机两种。

轮胎式压路机的碾压轮为宽基充气轮胎，又可分为拖式、半拖式和自行式三种。拖式、半拖式轮胎压路机，主要用于大型水电工程、机场等工程中对土壤、碎石、砾石及稳定料的分层压实作业。自行式轮胎压路机因机动性好、转移方便而得到了广泛应用，主要用于压实由土、碎石以及有机和无机黏结料组成的道路和机场路基或路面，尤其是高等级沥青混凝土路面面层压实。

钢轮式压路机主要用于压实公路路基和路面、铁路路基、河堤、广场等各类工程的地基。

（二）振动压路机

振动压路机利用自身重力和振动轮产生的周期性激振力压实各种材料。振动压路机由发动机、传动系统、工作装置（振动轮）、转向系统、制动系统、机架等组成。振动轮里安装有激振器，激振器由激振轴和安装在激振轴上的偏心块组成，激振器旋转产生激振力，在激振力作用下，振动轮产生一定振幅和频率的振动。振动压路机适合压实各种非黏性土壤、碎石、碎石混合料以及各种沥青混凝土等。

振动压路机具有压实效果好、影响深度大、生产效率高、应用广泛等特点，适用于各种类型的土壤。但是，振动压路机的振动作用可能会对周围环境、人、物等产生一定的负面影响，因此在人口密集区、装有精密仪器的建筑、公路桥梁的桥面和路面等不宜使用振动压路机。

二、压路机的安全操作规程

（1）压路机操作人员必须经过专门培训，熟悉压路机的性能、结构和维修保养规程，能熟练操作压路机。执行本机和附属机电设备的维修保养制度。公路行驶要经领导批准并遵守交通规则。

（2）作业前，必须检查发动机、传动机构、各类仪器仪表和照明、指示灯的状况，确定系统管路及接头部分无裂纹、松动和泄漏现象，滚轮的刮泥板平整良好，各紧固螺栓无松动等。然后，按规定对各机构加注润滑脂后，方可开始作业。

（3）轮胎压路机作业前，应对轮胎气压进行检查。作业中，应避免轮胎压路机在大块石基础层上作业。

（4）起步前检查车辆前后有无人员，并鸣喇叭。

（5）行驶时，禁止人员上下，注意前后动态，不要突然起步或制动。非操作人员严禁登机或随机作业。

（6）上下坡时，必须适当控制制动器；转弯时，应低速行驶。

（7）在新填路基或沙路上滚压时，压路机不得驶近路基边缘。

（8）换向离合器、起振离合器和制动器的调整，必须在主离合器脱开后进行。不得在急转弯时使用快速挡，严禁利用换向离合器作制动用。

（9）在新筑道路上碾压时，应从中间向两侧碾压，且距路基边缘不得少于 0.5 m。

（10）上坡时变速应在制动后进行，下坡时严禁脱挡滑行。

（11）碾压傍山道路时，必须由里侧向外侧碾压，距路基边缘不少于 1 m，碾压第二行时，必须与第一行重叠半个滚轮压痕。

（12）多台压路机同时作业时，两机应保持 3 m 以上的距离。在坡道上不得纵队行驶。

（13）在夜间作业时，作业区内应有足够的照明。

（14）需要增加机重时，可在滚轮内加黄沙或水，气温降至 0℃ 及以下时，不得用水增加机重。

（15）在运行中，不得进行修理或加油，需要在机械底部进行修理时，应将内燃机熄火，用制动器制动住机械，并楔住滚轮后，方可进行修理作业。

（16）振动必须在压路机行走后进行，停振必须在压路机停车前进行。在坚硬路面上行走时，严禁振动。

（17）碾压松软路基时，应先在不振动的情况下碾压 1~2 遍，然后再用振动碾压。严禁在尚未起振的情况下，调节振动频率。

（18）作业时不准吸烟、谈笑、打闹等。

（19）停车时，不得将压路机停在道路中央，应将压路机停放在平坦坚实的地方，并制动住。不得将压路机停放在土路边缘及斜坡上，也不得停放在妨碍交通的地方。夜间停放路边时，应在压路机旁放置信号灯，应尽量避免停放在新填土的路边、低洼地带、上下坡和流水地方等。如果因故停在坡上时，必须将滚轮塞好，变速杆挂挡，制动器、离合器合好，并锁住。

（20）冬季停车后，应注意防寒、防冻，将滚轮用木板垫离地面。

（21）压路机转移工地距离较远时，应用汽车或平板拖车装动，不得用其他车辆拖拉牵运。

（22）加油时，禁止明火和吸烟；加油后，应擦净油渍。

（23）严格执行交接班制度，相关人员应认真填写操作日志，遵循维修保养规程。

三、轮胎压路机的管理

下面以轮胎压路机为例，介绍压路机设备的管理。

（一）轮胎压路机简述

轮胎压路机是由多个充气轮胎对道路进行密实作业的一种机械。轮胎压路机碾轮采用充气轮胎，一般装前轮3～5个，后轮4～6个。如改变充气压力可改变接地压力，压力调节范围为0.11～1.05 MPa。

轮胎压路机采用液压、液力或机械传动系统，单轴或全轴驱动，宽基轮胎铰接式车架结构三点支承。轮胎压路机的轮胎在压实过程有揉搓作用，可以不破坏压实层颗粒，避免相嵌，且均匀密实，而且机动性好，行速速度快（可达25 km/h）。

（二）轮胎压路机的主要特点

工程实例中，尤其是一些老施工人员，常将轮胎压路机称作胶轮压路机。轮胎压路机适用于各种材料的基础层、次基础层及沥青面层等的压实，是公路、市政、国防建设不可缺少的压实机械。轮胎压路机主要有以下几个特点：

（1）可以通过增减配重和轮胎气压调节接地比压，以适应于不同材料的压实。

（2）动力强劲，可适用各种施工工况。

（3）前进三挡、后退二挡，速度可在5～25 km/h变换，方便施工和转场。

（4）前轮采用机械摇摆式悬挂装置。

（5）具有行车制动、停车制动，制动性能可靠。

（6）具有视野开阔的全景式驾驶室，有较好的隔音、减振效果。顶式排风和收放机使驾驶更加舒适。

（7）根据用户需要，可装备空调。

（三）轮胎压路机的日常保养

（1）每班应检查各连接部分的紧固零件是否有松脱现象，检查轮胎气压，检查轴承是否发热，如有问题，应立即处理。每日作业完后，要给燃油箱加满燃油，防止油箱内壁产生水滴；每日作业前要打开燃油箱的放水阀放水；在发动机燃料用尽或更换滤芯后，须排尽管路内的空气。

（2）经常检查液压系统油箱是否需要加注液压油，各油管接头有否漏油现象。

（3）按润滑表要求，对各润滑部位加注润滑油。

（4）经常检查和调整滚压轮轴向间隙。当压路机工作半年后，应调换各滚压轮的安装位置，使轮胎磨损趋于均匀。

（5）压路机在自行运输时，轮胎气压应保持在 0.6 至 0.65 MPa 以下，行驶距离不宜过远。

（6）应经常检查和维护刹车机构。

（7）如压路机长期停放，应将机身架起，减少轮胎受压变形。再度使用长期停放的压路机时，应检查各部位润滑油是否变质，如已变质，应将变质的油放掉，另换新油。

第三章 高速铁路隧道施工常用机械设备及管理

第一节 装载机的管理

一、装载机简介

装载机是一种广泛用于公路、铁路、建筑、水电、港口、矿山等建设工程的土石方施工机械,它主要用于铲装土壤、砂石、石灰、煤炭等散状物料,也可对矿石、硬土等作轻度铲挖作业。如果换装不同的辅助工作装置,装载机还可进行推土、起重和其他物料如木材的装卸作业。

在道路施工中,特别是在高速铁路施工中,装载机用于路基工程的填挖、沥青混合料和水泥混凝土料场的集料与装料等作业;此外,还可进行推运土壤、刮平地面和牵引其他机械等作业。由于装载机具有作业速度快、效率高、机动性好、操作轻便等优点,因此它也是高速铁路工程建设中土石方施工的主要机种之一。

二、装载机的组成

装载机主要由动力系统、工作装置、液压系统、转向系统及其他结构件等组成。

（一）动力系统

装载机的动力系统包括发动机、液力变矩器、动力换挡变速器、前后传动轴和驱动桥等。

装载机的发动机大多采用柴油机，用液力变矩器以提高装载机传动系统的柔性。变速器均采用动力换挡变速器，有行星式和定轴式两大类。变速器一般有 2~4 个档位。两挡型变速器主要与双涡轮（或双导轮）液力变矩器配套使用，前后均为 3 挡的变速器与三元件单涡轮液力变矩器配套使用。装载机为充分利用机重，提高牵引力，都采用双桥驱动。驱动桥均带有轮边减速装置，该装置均为行星式，大多置于轮辋内，也可置于桥壳里差速器两侧。

（二）工作装置

装载机的铲掘和装卸物料作业是通过其工作装置的运动来实现的。装载机的工作装置由铲斗、动臂、连杆、摇臂和转斗油缸、动臂油缸等组成。整个工作装置铰接在车架上。铲斗通过连杆和摇臂与转斗油缸铰接，用以装卸物料。动臂与车架、动臂油缸铰接，用以升降铲斗。铲斗的翻转和动臂的升降采用液压操纵。

装载机作业时工作装置应能保证：当转斗油缸闭锁、动臂油缸举升或降落时，连杆机构使铲斗上下平动或接近平动，以免铲斗倾斜而洒落物料；当动臂处于任何位置、铲斗绕动臂铰点转动进行卸料时，铲斗倾斜角不小于 45°，卸料后动臂下降时又能使铲斗自动放平。综合国内外装载机工作装置的结构类型，装载机主要有七种类型。按连杆机构的构件数不同，装载机可分为三杆式、四杆式、五杆式、六杆式和八杆式等；按输入和输出杆的转向是否相同，装载机又分为正转和反转连杆机构。土方工程用的装载机，其斗体常用低碳、耐磨、高强度钢板焊接制成，切削刃采用耐磨的中锰合金钢材料，侧切削刃和加强角板都用高强度耐磨钢材料制成。

（三）液压系统

装载机的液压系统一般由工作装置液压系统、转向装置液压系统和变速器操纵液压系统三部分组成。装载机大多采用定量系统，有的采用有级变量系统。小型装载机多用单泵向工作装置液压系统和转向液压系统两个系统供油。中大型装载机均用多泵式，即每个系统配置独立的泵供油，有的将几个泵的流量通过流量阀进行组合。当需要大流量时，各泵合流；当需要小流量时，某泵单独供油，其他泵处于无负荷空循环工况。这种做法一定程度上满足了装载机的工况要求，同时降低了功率，减少了系统发热。

（四）制动系统

装载机的制动系统包括制动器和制动器驱动机构两部分。

轮式装载机的制动器包括主制动器、停车制动器和紧急制动器。主制动器一般置于4个车轮内，多用钳盘式制动器，也有少量型号采用蹄式制动器。此外，由于多片湿式制动器完全置于壳内油中，因此其防泥沙及自动调整性能突出。停车制动器是保证装载机在坡道上停歇制动的装置，安装在变速器前输出轴上，均采用带式或蹄式制动器。紧急制动器常与停车制动器合并，当某些紧急情况如制动系统空气压力下降时，为防止主制动器失效造成事故，紧急制动器即行制动。

制动器驱动机构有压缩空气式、静液压式和气顶油式三种。其中，气顶油式制动器驱动机构由压缩空气推动静液压进行制动，由于它能获得较大的制动力，因此使用最广。

（五）结构件

装载机的结构件包括车架、驾驶室、发动机罩等部件。

车架分整体式和铰接式两种。铰接式车架包括前、后车架，两车架通过垂直铰销连接，利用转向液压缸使其相对转动，以实现装载机转向。

驾驶室的位置也有两种：一种位于后车架上，在转向时，铲斗、前车架对司机有相对转动，司机对转向角度有直观感受，倒车时转载机后退的方向与司机感觉的倒车方向一致；另一种位于前车架上，司机前方视野好，便于装卸料时铲斗对准料堆或车辆，但倒车时司机感觉的方向与装载机的实际倒车方向不一致，且向后视野不好。

三、装载机的分类

（一）按铲斗载质量大小分

按铲斗载质量大小，装载机可分为微型装载机（载质量为 1 t 以下）、小型装载机（载质量为 1~3 t）、中型装载机（载质量为 3~8 t）和大型装载机（载质量为 8 t 以上）。

（二）按行走装置分

按行走装置，装载机可分为轮胎式装载机和履带式装载机。轮胎式装载机形式速度高、机动灵活，应用广泛。履带式装载机接地比压低，牵引力大，路面通过性好，但行驶速度低。轮胎式装载机按其转向方式又可分为铰接式转向、后轮转向与滑移转向三种形式。其中，铰接式转向的轮胎式装载机转弯半径小，灵活性高，能够在有限空间内进行作业。许多轮胎式装载机采用后轮转向这一转向方式，部分小型和微型轮胎式装载机仍采用铰接式转向这一转向方式。此外，只有一些微型轮胎式装载机采用滑移转向这一转向方式。

（三）按传动形式分

按传动形式，装载机可分为机械式、液力机械式、液压式和电驱动式。机械式传动装载机的牵引力不能随外载荷的变化而变化，牵引力只能随着柴油机的油门变化和变速箱挡位的变化在一定范围内变化，因此只在部分履带式装载机上采用。液力机械传动由于液力变矩器作用，装载机的牵引力和车速变化范围大，随着外阻力的增加，车速可自动下降至零，而牵引力增加到最大。液力机械传动还可以减少冲击，降低动载荷，保护机器，因此得到普遍采用。液压式传动由液压泵、液压马达系统驱动装载机，可无级调速，从而可以充分利用发动机功率，降低油耗，提高作业经济性，但车速变化范围较窄，致使装载机车速偏低，一般只用于功率在 110 kW 以下的装载机。电驱动式传动由柴油机驱动交流发电机，经过整流，驱动轮毂电动机（或履带驱动电动机），适用于特大型装载机，装载机电驱动功率达到 900 kW。

四、装载机的磨合期

装载机出厂后，一般规定有 60 h 左右的磨合期（有的称为走合期），这是根据装载机使用初期的技术特点而规定的。磨合期是保证装载机正常运转、降低故障率、延长其使用寿命的重要环节。部分用户由于缺乏装载机使用常识或是因为工期紧，或是想尽快获得收益而忽视新机磨合期的特殊技术要求。有的用户甚至认为，反正厂家有保修期，机器坏了由厂家负责维修，于是机器在磨合期内就长时间超负荷使用，导致机器早期故障频生，这不仅影响了机器的正常使用，缩短了机器的使用寿命，而且还会影响工程进度。因此，相关人员应充分重视磨合期。处于磨合期的装载机易出现以下问题：

（一）磨损速度快

由于新机器零部件加工、装配和调整等因素的影响，其摩擦表面粗糙，配合面接触面积小，表面的承压状况不均。机器在运行过程中，零件表面的凹凸部分相互嵌合摩擦，磨落下来的金属碎屑又作为磨料继续参与摩擦，更加速了零件配合表面的磨损。因此，磨合期内容易造成零部件（特别是配合表面）的磨损，且磨损速度快。这时，如果超负荷作业，则可能导致零部件的损坏，使装载机产生故障。

（二）润滑不良

由于新装配的零部件的配合间隙较小，并且由于装配等原因，很难保证配合间隙的均匀性，润滑油（脂）不易在摩擦表面形成均匀的油膜以阻止磨损，从而降低润滑效能，造成机件的早期异常磨损，严重时会造成精密配合的摩擦表面划伤或咬合现象，导致故障的发生。

（三）发生松动

新加工装配的零部件，存在几何形状和配合尺寸的偏差。在使用初期，由于受到冲击、振动等交变负荷，以及受热、变形等因素的影响，加上磨损过快等原因，原来紧固的零部件容易松动。

（四）发生渗漏现象

由于机件的松动、振动和机器受热的影响，机器的密封面以及接头等处会出现渗漏现象，部分铸造、加工等缺陷在装配调试时难以发现，但由于作业过程中的振动、冲击作用，这种缺陷就暴露出来，表现为漏（渗）油（水）现象。

此外，由于操作人员对新机器的结构、性能的了解不够（特别是新的操作者），容易因操作失误引起故障，甚至引发机械事故。

五、装载机的使用与维护

由于装载机是特殊车辆，操作人员应接受厂家的培训、指导，对机器的结构、性能有充分的了解，并获得一定的操作及维护经验方可操作机器。装载机生产厂家提供的《产品使用维护说明书》是操作者操作设备的必备资料，在操作机器前，一定要先阅读《产品使用维护说明书》，按要求进行操作保养。

（1）注意磨合期的工作负荷，磨合期内的工作负荷一般不要超过额定工作负荷的60%，并要安排适合的工作量，防止机器长时间连续作业所引起的过热现象的发生。

（2）注意经常观察各仪表、指示灯，出现异常应及时停车予以排除，在原因未找到、故障未排除前应停止作业。

（3）注意经常检查润滑油、液压油、冷却液、制动液以及燃油油（水）位和品质，并注意检查整机的密封性。检查中发现油或水缺少过多，应分析原因。同时，应强化各润滑点的润滑，建议在磨合期内，每班都要对润滑点加注润滑脂（特殊要求除外）。

（4）保持机器清洁，及时调整、紧固松动的零部件以防因松动而加剧零部件的磨损或导致零部件丢失。

相关人员要重视对装载机的保养与维护，并按要求对装载机进行保养与维护，这样可以降低故障的发生概率，延长装载机的使用寿命，提高装载机的作业效率，使装载机带来更多收益。

六、装载机的操作规程

（1）操作人员在进行驾驶与作业之前，应熟知装载机的各种性能、结构、技术保养、操作方法，并按规定进行操作。

（2）除驾驶室外，机上其他地方严禁乘人。

（3）向车内卸料时必须将铲斗提升到不会触及车厢挡板的高度，严防铲斗碰到车厢，严禁将铲斗从汽车驾驶室顶上越过。

（4）下坡时采用自动减速，不可踩离合器踏板，以防切断动力发生溜车事故。

（5）装载机涉水后应立即停机检查，如发现因浸水造成制动失灵，则应进行连续制动，利用发热排除制动片内的水分，以尽快使制动器恢复正常。

（6）装载机工作时，正前方不许站人，行车过程中，铲斗不许载人。

（7）装载机工作时，铲臂下面严禁站人，禁止无关人员和其他机械在此工作和通行。

（8）严禁采用高速挡作业。

（9）操作人员离开驾驶位置前，必须将铲斗落地，发动机熄火，切断电源。

第二节　混凝土搅拌站的管理

一、混凝土搅拌站管理与维护的重要性

随着我国建筑行业不断发展，混凝土的应用愈来愈广泛，其在建筑业发展过程中的作用越来越重要。无论是在工程建设还是路桥施工过程中，都可以看到混凝土的身影。在很大程度上，混凝土的质量决定了建筑物的结构强度及承载力，优质的混凝土能够全方位提升建筑物的整体结构强度。混凝土在高速铁路工程中同样有着重要的作用。混凝土搅拌站是混凝土的生产设备，其管理与维护的优劣，直接影响混凝土的质量。因此，对混凝土搅拌站进行严格的管理与合理的维护具有重要意义。

二、混凝土搅拌站设备的日常管理

（一）设备的点检、巡查

设备管理人员需要对点检盲区问题予以高度关注，要重点对设备隐蔽位置开展检查，并要保证检查的全面性，保证点检工作可以真正落到实处，各项安全隐患可以得到及时消除。同时应对设备巡查、检查工作进行完善，以有效规避安全问题的产生。因为预拌混凝土生产与运输有着较为突出的连续性特征，设备一般需要连续运转，所以设备操作人员要在作业之前，对运转设备以及需使用设备进行检查，做好检查记录，以为后续设备的维修提供数据依据。同时操作人员要做好换班交接，及时对问题设备进行检查，通知专业维修人员进行维修，以将设备的故障程度控制在最低。管理人员需要经常对设备进行检查，确定操作人员操作是否符合相应规定，如有违规操作存在，应对其进行纠正。同时应设置跟班机修小组，对设备展开不定时巡查与维护，以便及时发现问题、处理问题，确保设备故障问题处理的时效性。

（二）混凝土搅拌站的日常维护要点

1.搅拌主机

在混凝土搅拌站运营过程中，搅拌主机是其核心，所以务必要定期做好搅拌主机的维护保养。搅拌主机的维护保养要点，包括以下几点：

（1）定期加油并检查运转过程中是否有异响、漏油等现象。

（2）检查其轴端密封是否正常，有无漏浆现象。

（3）检查搅拌过程中是否有异样，衬板、叶片是否有松动的现象。

（4）定期更换不符合要求的润滑油，确保机械的使用寿命。

（5）每班结束后及时清理搅拌缸里的残余混凝土，并继续给轴端注油直到缸体内侧看到润滑油冒出。

2.计量单元的使用维护

混凝土质量的好坏，计量是否准确很关键。为确保生产出来的混凝土质量，在混凝土搅拌站正式生产前，必须对所有设备进行调试、检验，各计量单元应请当地计量管理部门校准。每班开工前应检查各个秤斗灵活程度，是否存在传感器卡、憋的现象。生产过程中，应每天进行检查，确保计量单元正常运行，如出现异样，要及时整修。计量元器件更换后，也须重新计量标定，并得到当地计量管理部门的检测或确认。

3.物料传输系统

混凝土搅拌站正常运行过程中除了对搅拌设备进行检修外，还要对其物料传输系统进行检查。砂石等物料，在传输过程中如果皮带跑偏，容易出现洒漏现象，这将严重影响正常运行，甚至计量的准确度。物料传输系统是否能够正常运行，直接关乎搅拌出来的混凝土质量的高低。因此，对物料传输系统进行维护是很有必要的。物料传输系统的维护主要包括以下几点：

（1）传送带是否能够正常运行，是否出现打滑、空转现象。

（2）传送带上的清扫器是否能够正常运行，如不能正常运行，应及时维修或更换。

（3）传送带正常运行中，传送设备是否出现松动不稳的现象。

（4）传动设备中是否有异物进入，是否会影响机械设备的正常运行等。

4.制冷机和冷水机维护保养

搅拌站运行时，应检查冷水机制冷剂各连接管路是否完好，保温棉有无破损，并按规定的频率更换；定期检查冰库的爬冰架是否变形，传动链条是否正常，并按规定周期清理冰库，确保制冷机和冷水机的正常。

5.混凝土搅拌设备的安全管理

设备是混凝土搅拌站的生存之本和主要生产工具，应对所有设备进行科学管理，建立完整、详细的单机文件和维护参数，按计划进行日常维护工作，以确保设备处于良好的工作状态；应对重要设备的关键检测，以及设备的使用情况进行评估，根据评估结果结合轮班进行维护工作。小型电子设备应由专人保管，并建立使用日志，使用后应及时填写使用日志。此外，应明确规定测量设备检验和校准的具体时间，并在明显位置粘贴合格或不合格的标志，仓库、加工罐和各种原材料的称重也要标注清楚。相关管理人员应制定设备操作及维修安全操作规程，让全体人员须熟知安全操作规程并严格遵守，定期组织安全培训。设备的使用一定要按照安全操作规程执行，遵守设备使用要求和操作方法。相关管理人员应定时检查生产和办公场所的安全隐患，配备足够的消防用品和泄漏防护设备，并采取措施保护易燃易爆危险物品。工作人员未穿着安全防护设备不得进入生产区域。维修设备时，维修人员应将设备锁住，切断电源，挂起维修标志，非维修人员不得移走标志。

6.电气系统故障及排除方法

在混凝土搅拌站运行过程中，一些传感类器件会因为工作环境的干扰而使信息采集的准确性受到影响，从而获得不准确的信息，导致各种信息故障的产生。为了避免这一问题的发生，需要通过密封盒来对系统中的线路板进行密封处理，防止因粉尘、湿气影响信号采集，确保信息的准确。

7.注重特种设备管理

管理人员需要定期对特种设备展开检查，并要保证特种设备操作人员的技术水平。在混凝土搅拌站中，推土机驾驶、电工作业以及焊割作业等，都属于特种作业，需要引起管理人员的足够重视。管理人员不仅要对作业人员各项信息进行详细记录，归纳信息构建档案，同时还要对其开展安全教育以及安全培训，以通过系统化培训，帮助人员明确认识到安全操作以及设备安全的重要性，积极、主动地参与到设备安全维护工作之中。此外还要对特种设备进行登记，做好设备维修、检查以及使用等一系列记录，并要根据相关规定，对设备展开全面检查，以保障特种施工作业的安全性。

混凝土搅拌站要结合科学的管理模式，对运行中的所有设备进行科学有效的维护，提升所有工作人员的专业技术素养，确保混凝土搅拌的生产过程安全、顺利进行。

第三节　混凝土搅拌运输车的管理

一、混凝土搅拌运输车简述

混凝土搅拌运输车或称搅拌车，是用来运送建筑用预拌混凝土的专用卡车，由于其外形的特殊性，也常被称为田螺车。卡车上装有圆筒形搅拌筒用以运载混合后的混凝土，在运输过程中会始终保持搅拌筒转动，以保证所运载的混凝土不会凝固。运送完混凝土后，通常都会用水冲洗搅拌筒内部，防止硬化的混凝土占用空间。

二、混凝土搅拌运输车的构成

混凝土搅拌运输车一般由以下几个部分构成：

（一）取力装置

国产混凝土搅拌运输车采用主车发动机取力方式。取力装置的作用是通过操纵取力开关将发动机动力取出，经液压系统驱动搅拌筒，搅拌筒在进料和运输过程中正向旋转，以利于进料和对混凝土进行搅拌，在出料时反向旋转，在工作终结后切断与发动机的动力连接。

（二）液压系统

液压系统的作用是将由取力器取出的发动机动力，转化为液压能（排量和压力），再经马达输出为机械能（转速和扭矩），为搅拌筒转动提供动力。

(三）操纵机构

混凝土搅拌运输车的操纵机构主要有以下两个作用：

（1）控制搅拌筒旋转方向，使之在进料和运输过程中正向旋转，出料时反向旋转。

（2）控制搅拌筒的转速。

（四）搅拌装置

搅拌装置主要由搅拌筒及其辅助支撑部件组成。搅拌筒是混凝土的装载容器，转动时混凝土沿叶片的螺旋方向运动，在翻动过程中受到混合和搅拌。在进料及运输过程中，搅拌筒正转，混凝土沿叶片向里运动；出料时，搅拌筒反转，混凝土沿着叶片向外卸出。叶片是搅拌装置的主要部件，损坏或严重磨损会导致混凝土搅拌不均匀。另外，叶片的角度如果设计不合理，还会导致混凝土离析。

（五）清洗系统

清洗系统的主要作用是清洗搅拌筒，有时也用于运输途中进行干料拌筒。清洗系统还对液压系统起冷却作用。

（六）全封闭装置

全封闭装置采用回转密封技术，密封了搅拌车的进出料口，解决了传统搅拌车水分蒸发、砂浆分层、砼料洒落、行车安全等问题。

三、混凝土搅拌运输车的维修保养

混凝土搅拌运输车作为运输用汽车，在维护和修理方面必须遵照交通运输部于 2023 年 5 月 6 日颁布的《道路运输车辆技术管理规定》，执行"定期检测、强制维护、视情修理"的维护和修理制度。在这个大前提下，再结合混凝土搅拌运输车的实际情况，做好维护和修理。在日常维护方面，对于混凝土搅拌运输车，除应按常规对汽车发动机、底盘等部位进行维护外，还必须做好以下维护工作：

（一）清洗混凝土贮罐及进出料口

由于混凝土会在短时间内凝固成硬块，且对钢材和油漆有一定的腐蚀性，因此，每次使用混凝土贮罐后，洗净黏附在混凝土贮罐及进出料口上的混凝土是日常维护必须认真进行的工作，具体包括：

（1）每次装料前用水冲洗进料口，使进料口在装料时保持湿润。

（2）在装料的同时向随车自带的清洗用水水箱中注水，直到注满为止。

（3）装料后冲洗进料口，洗净进料口附近残留的混凝土。

（4）到工地卸料后，冲洗出料槽，然后向混凝土贮罐内加清洗用水 30～40 L，在车辆回程时保持混凝土贮罐正向慢速转动。

（5）下次装料前切记放掉混凝土贮罐内的污水。

（6）每天收工时彻底清洗混凝土贮罐及进出料口周围，保证不粘有水泥及混凝土。

（二）维护驱动装置

驱动装置的作用是驱动混凝土贮罐转动，它由取力器、万向轴、液压泵、液压马达、操纵阀、液压油箱及冷却装置组成。如果驱动装置因故障停止工作，混凝土贮罐将不能转动，这会导致车内混凝土报废，严重的甚至使整罐混凝土凝结在罐内，造成混凝土搅拌运输车报废。因此，驱动装置是否可靠是使用中必须高度重视的问题。为保证驱动装置的完好可靠，应做好以下维护工作：

（1）万向转动部分是故障多发部位，应按时加注润滑脂，并经常检查磨损情况，及时修理更换。车队应有备用的万向轴总成，以保证一旦发生故障能在几十分钟内修复。

（2）保证液压油清洁。混凝土搅拌运输车工作环境恶劣，一定要防止污水、泥沙等进入液压系统，因此要按使用手册要求定期更换液压油。一旦检查时发现液压油中混入水或泥沙，就要立即停机清洗液压系统，更换液压油。

（3）保证液压油冷却装置有效。要定时清理液压油散热器，避免散热器被水泥堵塞，检查散热器电动风扇运转是否正常，防止液压油温度超标。

四、混凝土搅拌运输车的使用

（一）液压传动系统的使用

在混凝土搅拌运输车的各个系统中，液压系统是最重要、最精细的工作部件，对它的使用和维护尤其重要。国内各厂家生产的搅拌车使用的液压马达、液压油泵及减速机多是原装进口件。

当通过操纵装置使变量杆向左转动，油泵就开始从油口 A 排油，经高压油管进入马达，马达转动，流经马达的油变成低压油，经另一高压油管从 B 口流回油泵。变量杆转动角度愈大，油泵每转排出的油量就愈多，马达的转速就愈高。当操纵变量杆使其向右转动，这时压力油就从 B 口排出，马达旋向改变，低压油从 A 口流回油泵。马达的转动带动了减速机，从而使搅拌车的拌筒能在一定转速范围内无级变速且有两种旋向。要使液压系统高效、无故障地工作，就要在日常使用中加强维护保养，并严格按说明书的要求进行操作，按要求及时对液压油和辅助装置（主要是滤清器）进行更换。在换油过程中应注意以下几点：

（1）使用性能参数符合要求的液压油，绝对不能使用已用过、经过滤和沉淀的液压油。

（2）加油时最好使用过滤精度为 10 的滤油器。

（3）主系统、泵、马达的壳体在启动前要充满液压油。

（4）用户初次使用 500 h 和及以后每 2000 h 需更换液压油和滤芯，必须使用说明书推荐的液压油和滤芯。

（二）托轮的使用

托轮是搅拌运输车的主要承重件之一，拌筒及其内混凝土的重量主要由托轮和减速机支承。同时由于工地路况的限制，托轮所受的力是不均匀、有冲击性的。因此要限制拌筒的跳动，以减少对托轮的冲击。搅拌筒的固定有两种形式，一是加一拉带将拌筒拉住；二是在搅拌车支架的后上端加挡块。不论哪一种形式，在日常的使用中都要注意保养和维护，如有损坏，要及时更换和维修，以免对托轮的使用寿命造成不利影响。在使用时要特别注意向托轮的轴承加润滑脂，同时在托轮上也要加注润滑脂。在日常工作中所遇到的托轮损坏问题多是由没有及时加注润滑脂导致轴承损坏所致。同时注意锁紧螺母是否松动，如有松动则应及时紧固，否则就会损坏托轮轴承，造成不必要的损失。

（三）搅拌筒的转速控制

出料的均匀性是搅拌车性能的重要指标之一，它直接影响着工程质量。在运送混凝土时，搅拌筒转速应控制在 2～5 r/min，并将搅拌筒的总转数控制在 300 r 内。如果混凝土的运输距离较长或塌落度较大时，出料前应先将搅拌筒快速转动 5～10 r，使里面的混凝土得到充分搅拌，这样出料的均匀性就会大大提高。如果途中混凝土失水，到工地应加水调整，并充分搅拌。当然这种情况应尽量避免，因为这样会使混凝土的质量得不到控制。搅拌筒的转速，过快会增大燃油消耗,过小则会造成混凝土离析,因此应按要求严格控制搅拌筒的转速。

(四)传动轴的使用

混凝土搅拌运输车的工作环境往往比较恶劣,在使用过程中要注意向传动轴加注润滑脂。有的混凝土搅拌运输车的传动轴用不多长时间就损坏了,甚至是十字轴或整个传动轴报废。这种情况多是由用户不及时向传动轴加注润滑脂导致的。不及时加注润滑脂就会造成传动轴的十字轴干摩擦,时间一长就会使十字轴报废,进而造成整根传动轴的报废。

(五)故障车的处理

搅拌车的搅拌筒不能转动,一般有以下两种原因:一,液压系统或发动机发生故障;二,马达发生故障。处理方法如下:

(1)打开搅拌筒检修孔盖,旋松马达上高压软管的管接头,旋转搅拌筒使搅拌筒检修孔斜向下,将混凝土从搅拌筒检修孔排出。

(2)将故障车的高压胶管从马达上卸下,把救援用的高压胶管接上,另一端接在救援车的油泵上,并将应急用的回油管一端接在故障车的马达泄油口,回油管另一端接在救援车的油泵回油口,利用救援车来控制故障车搅拌筒的旋转,将混凝土排出。

(3)如果是马达发生故障,处理则较简单,可把救援车的马达卸下装在故障车上,再将各个油管接好,启动救援车即可将搅拌筒内的混凝土排出。

总之,对于搅拌车而言,发生故障时应及时判断发生故障的原因,采取有效的措施将搅拌筒内的混凝土排出后再解决故障。

五、混凝土搅拌运输车安全操作规程

（1）新设备在磨合期间，请勿满负荷装载，建议装载输送容量的 70%～80%，磨合期 3000 km。

（2）正反转切换前必须使操作手柄回到中间位置，即先等罐体停止转动再换向，否则可能严重损坏减速机。

（3）在高速行驶或满载爬坡时，应将罐体停止转动，以确保行车安全。

（4）所有的连接螺丝应定期检查、紧固；所有的润滑点须经常加注润滑油，定期检查更换液压油、齿轮油。

（5）须按照装载要求装载符合坍落度要求的混凝土。

（6）应经常清洗罐体内外，保持罐体清洁。

（7）维护保养须按照使用说明书执行。

（8）作业前必须进行检查，确认转向、制动、灯光、信号系统灵敏有效，搅拌运输车搅拌筒和溜槽无裂纹和严重损伤，搅拌叶片磨损在正常范围内，底盘和副车架之间的 U 形螺栓连接良好。

（9）启动前，将变速杆置于空挡位置，拉紧手制动器。寒冷季节应先用手摇把转动曲轴后再启动。

（10）了解施工要求和现场情况，选择恰当的行车路线和停车地点。

（11）在社会道路上行驶必须遵守交通规则。转弯半径应符合使用说明书的要求，速度不大于 15 km/h。进站时，速度不大于 5 km/h。

（12）寒冷季节应采取措施使内燃机预热后再启动，不得以明火预热化油器、油管及油箱。严禁拖、顶起动。

（13）启动后，观察各仪表指示值，检查内燃机的运转情况。待水温升到 40℃以上，方可起步。水温未达到 70℃时，不得高速行驶。变速时应逐级增减，正确使用离合器，避免挂挡时，齿轮撞击。

（14）行驶中，如发现有异味、异响、发热等异常情况，应立即停车检查，排除故障后方可继续运行。

（15）行驶中，不准把脚放在离合器踏板上，不得无故猛踩制动器。

（16）由前进挡变为倒挡或由倒挡变为前进挡时，需待车停稳后方可换挡，并观察四周，无障碍物时方可倒退或前进。

（17）下坡时，不得熄火滑行。在坡道上停车时，除拉紧手制动器并挂好低速挡外，应将轮胎楔紧。

（18）在泥泞、冰雪的路面上应低速行驶，不得快速急转弯或紧急制动。必要时安装防滑链条。

（19）通过危险地区或狭窄便桥前，应先停车检查，确认可以通行后，由有经验的人员指挥前进。

（20）使用差速器锁时，应低速直线行驶，严禁转弯和猛冲。

（21）在车底下进行保养及检修时，应将内燃机熄火，除拉紧手制动器外，还应将车轮楔牢。

（22）向供水箱注水前，应先关闭储气筒与水箱之间的截止阀，打开排气阀，待水箱内气压消失后，方可开启箱盖。

（23）启动后，操作杆放到"卸料"位置，使筒内的积水和杂物排尽。

（24）装料时，应将操纵杆放在"装料"位置，并调节搅拌筒转速，使进料顺利。

（25）搅拌运输时，混凝土的装载量不得超过额定容量。

（26）运输前，排料槽应锁定在"行驶"位置，不得自由摆动。

（27）运输时搅拌筒应为低速旋转。

（28）搅拌筒由正转变为反转时，应先将操作手柄放在中间位置，待搅拌筒停转后，再将操纵杆手柄放至反转位置。

（29）作业后，各手柄放在空挡位置，并锁好门窗。

（30）作业时，严禁用手触摸旋转的搅拌筒和托轮。

（31）倒车卸料时，必须服从指挥，注意周围人员，发现异常立即停车。

（32）严禁在高压线下进行清洗作业。

第四节　自卸车的管理

一、自卸车简介

自卸车，又称翻斗车，是指通过液压或机械举升而自行卸载货物的车辆。自卸车由汽车底盘、液压举升机构、货厢和取力装置等部件组成。

自卸车的车厢分后向倾翻和侧向倾翻两种。自卸车车厢的倾翻通过操纵系统控制活塞杆的运动实现，后向倾翻较普遍。

自卸车在高速铁路隧道工程中经常与挖掘机、装载机、带式输送机等工程机械联合作业，构成装、运、卸生产线，进行土方、砂石、散料的装卸、运输工作。

自卸车的发动机、底盘及驾驶室的构造和一般载重汽车相同。车厢前端有驾驶室安全防护板。车厢液压倾翻机构由油箱、液压泵、分配阀、举升液压缸、控制阀和油管等组成。

发动机通过变速器、取力装置驱动液压泵，高压油经分配阀、油管进入举升液压缸，推动活塞杆使车厢倾翻；通过操纵系统控制活塞杆运动，可使车厢停止在任何需要的倾斜位置上。车厢利用自身重力和液压控制复位。

二、自卸车的分类

按外形分，自卸车可分为平头自卸车、尖头自卸车。

按连接形式分，自卸车可分为直推式倾斜机构自卸车、连杆式倾斜机构自卸车。

按用途分，自卸车可分为农用自卸车、矿山自卸车、垃圾自卸车、煤炭运输自卸车、工程机械自卸车、污泥自卸车。

按驱动方式分，自卸车可分为4×2（单桥）自卸车、6×2（前四后四）自卸车、6×4（后双桥）自卸车、8×4（前四后八）自卸车、双桥半挂自卸车、三桥半挂自卸车。

按翻动方式分，自卸车可分为前举式自卸车和侧翻式自卸车，还有双向侧翻自卸车。

三、自卸车使用的重点注意事项

（1）新自卸车或大修出厂的车必须进行试运转，确保车厢举升过程平稳无窜动。

（2）使用时各部位应按规定正确选用润滑油，举升机构应严格按期调换油料。

（3）按额定装载量装运，严禁超载。

四、自卸车的安全操作规程

（1）不可在满载举升中途突然将升降手柄推向下降位置。此操作过程中，车厢会猛然冲下，会给车架带来很大的冲击力，甚至发生意外事故。因此，应尽量避免上述操作，如有特殊情况需要也必须小心操作，尽量放慢降落速度，切忌猛然将车厢落到底。

（2）不可使用猛提车或猛刹车卸货。由于猛提车的惯性很大（一般是额定举升力的5~20倍），极易造成车架永久变形、车厢和车架开焊、破坏密封圈、破坏液压缸等损害，使车辆的使用寿命降低，严重者还会出现翻车事故。所以一般自卸车禁止举升时行车。

（3）自卸车卸完货后须脱开取力器才可行车。如发生操作失误，自卸车在行驶时，由于取力器处于接合位置，举升油泵则在小循环状态下高速长时间无负荷运转，会导致液压油油温快速上升，易造成油泵油封的损坏，甚至发生油泵烧死的现象，更严重的是油泵的运转意味着液压系统有动力源，在行车过程中易出现车厢自动升起的事故。

（4）行驶时取力器不可位于接通位置。如果在接通状态（红灯亮着），则油泵将继续转动，液压系统就有动力源，这样就会因为在气控操纵阀上的误操作而引起车厢自动举升。此时气控分配阀即使在下降位置，油也要进入油泵，这样会使油泵烧坏。

第五节　凿岩台车的管理

一、凿岩台车的构成

凿岩台车（也称钻孔台车）是一种隧道及地下工程采用钻爆法施工的凿岩设备。凿岩台车主要由推进器、钻臂（凿岩机的承托、定位和推进机构）、回转机构、平移机构和其他必要的附属设备，以及根据工程需要添加的各种设备等组成。

（一）推进器

凿岩台车的推进器主要有钢绳活塞式、风马达活塞式、气动螺旋副式三种类型。推进器的作用是：在准备开孔时，使凿岩机能迅速地驶向（或退离）工作面，并在凿岩时给凿岩机以一定的轴推力。推进器产生的轴推力和推进速度能任意调节,以使凿岩机在最优轴推力状态下工作。此外,推进器的运转应是可逆的。

(二)钻臂

钻臂是支撑凿岩台车的工作臂。钻臂的结构和尺寸、动作的灵活性和可靠性等,都将影响凿岩台车的适用范围。

按照动作原理,钻臂有直角坐标式钻臂、极坐标式钻臂和复合坐标式钻臂三种。其中,直角坐标式钻臂应用最广。直角坐标式钻臂能完成升降和水平摆动、托架(推进器)的俯仰和水平摆动及推进器的补偿运动等基本动作。这些动作分别通过支臂油缸、摆臂油缸、俯仰角油缸、托架摆角油缸和补偿油缸来实现。

(三)回转机构

回转机构主要可分为摆动式转柱、螺旋副式转柱、极坐标钻臂回转机构三种。其中,摆动式转柱最为常见。摆动式转柱的结构特点是在转柱轴外面有一个可转动的转套。钻臂下端部和支臂油缸下铰分别铰接于转动套上。当摆臂油缸伸缩时,使转动套绕轴线转动,从而带动钻臂左右摆动。摆动式转柱结构简单,工作可靠,维修方便。

(四)平移机构

在钻车中常用的平移机构有机械式平移机构和液压式平移机构两大类。属于机械式平移机构的有剪式、平面四连杆式和空间四连杆式等三种,属于液压平移机构的有无平移引导缸式和有平移引导缸式两种。

二、凿岩台车的分类

凿岩台车的种类繁多,而且随分类方法的不同,可分为不同的类型。

(1) 按使用条件,凿岩台车可分为露天台车、采矿台车(浅孔采矿台车和深孔采矿台车)、平巷掘进台车(包括钻装机)、锚杆台车。

(2) 按行走机构,凿岩台车可分为轨轮式台车、履带式台车、轮胎式台车。

(3) 按动力源及驱动方式,凿岩台车可分为电动台车(包括防爆与非防爆两种)、柴油机驱动台车。

(4) 按所装钻臂的数目,凿岩台车可分为单臂台车、双臂台车和多臂台车。其中,单臂台车和双臂台车的体积小,控制简单,机动灵活,适应性强。多臂台车的体积和重量都大,只可在隧道工程和地下仓库等大断面硐室使用,如在高速铁路隧道工程中经常使用三臂凿岩台车。

三、凿岩台车的故障分析

(一) 前期故障

前期故障,即由于设计不周密等引起的故障,主要有以下几种:

1. 新车无法定位

新车刚到位时,钻臂端千斤顶支腿控制采用左端横向纵向联动,右端横向和纵向联动,联动的支腿油缸同时伸出同时缩回。这样,定位时,当纵向支腿触地后,系统压力油通过安全阀卸压回油,定位操作被迫中止。将联动方式改为左右端的横向联动和左右端的纵向联动,或者改变联动控制为单独控制,凿岩台车都可以实现定位。

2. 安全阀灵敏度不高,引起故障

定位系统钻臂端千斤顶支腿可纵向伸缩,也可横向伸缩,正确的定位方法是：钻孔前先横向伸出，后纵向伸出；钻孔完成后，先纵向缩回，后横向缩回。如果操作顺序有误，由于定位系统所依赖的安全阀灵敏度不高，就会使得定位压力骤增，出现使用初期的"定位爆管、漏油"等故障，既浪费人力、物力，又延长隧道作业时间。

3.误操作引起的故障

虽然定位泵停止了工作，但定位系统仍有压力，如果误碰或误操作控制手柄，将可能产生故障，甚至造成事故。只要对液压系统进行适当改进，就可实现误操作过载保护，在爆管前泄油，使定位系统得到保护，并可提高台车钻孔时定位系统的可靠性，减少故障发生。

4.压力油路过滤系统不完善引起的故障

由于凿岩台车压力油路过滤系统的原理是当过滤器堵塞时，压力油不回油箱，而是继续进入系统，这样就很容易引起系统失控。使用初期常出现的推进油缸失控多是因为这个原因。综上可知，改进压力油路过滤系统一定程度上可减少故障发生。

（二）使用性故障

使用性故障，即操作人员在使用过程中因使用不当而引起的故障。此类故障出现后，对设备损害很大，常见的使用性故障有：

1.水路引起的故障

蓄水池等水源不干净，机内水滤网就会堵塞破损，如不及时检查更换，砂石进入后会引起增压水泵叶片破损或加速磨损，这样就会使工作水压下降，水控气阀打不开，全车气路控制部分不能工作。如果想继续工作，就必须改变气路，拔掉气管，使得气路不受水压控制，台车低水压工作。因为，水控气阀不动作，断水时就不能停钻，必然发生卡钎，使旋转马达受阻，油压急剧升高。这时，防卡钎阀再不动作，就不能泄压回油，定会发生钻杆钻头卡死、液压油管破裂、系统漏油或油温升高等现象。水路中，液压油散热器循环不良也会引

57

起油温过高。

2.压力表损坏引起的故障

九路压力表分别对三个臂的防卡钎压力、定位压力、推进返回压力起着监测作用,三个冲击压力表可以监测三个臂的冲击压力。如果这些压力表损坏后不及时更换,就会出现下列问题:

(1)由于液压元件磨损,压力油泄漏,液压系统往往会失去控制,难以正常工作。

(2)若为了工作盲目调高压力,就会出现以下现象:三个臂的推进压力为正常压力的1.2~1.5倍;三个臂的推进返回压力为正常压力的2~2.5倍;三个臂的冲击压力也偏高;防卡钎没能协调工作,卡钎时钻杆不能返回;经常爆管、漏油。这些都是压力表损坏后,调高压力、勉强工作造成的故障,同时也是钻头、钻杆超耗的原因。

3.回油系统故障

回油过滤器在回油系统中起过滤杂质和散热冷却作用。回油过滤器的工作情况通过感应器传到配电柜的报警电路,回油警示灯亮时,提示更换回油过滤器。如果由于感应器损坏,又不及时更换,回油过滤器的工作情况就会恶化:首先是堵塞引起回油压力增高,散热差;再不更换回油过滤器,就会引发液压元件磨损泄漏,液压管路爆裂。

4.电路引起的故障

凿岩台车采用高压供电,低压控制。电路出现故障后勉强工作就会失去平衡,使电器元件发热,进而间接影响液压油温,如:充电器损坏不修理就会引起控制变压器发热;而脉冲发生器损坏就会引起润滑油不工作,磨损凿岩机,引起漏油、升温。

5.油料选用不当引起的液压系统故障

液压油、液压油管的选用,对凿岩台车的性能影响非常大。如果不按标号、特性选用合格的液压油,那么液压油的机械杂质含量就偏高,含有水分,抗磨性不好。如果选用的液压油管是伪劣产品,特别是超过保质期的积压产品,使用时就会出现内层脱落,有的接头加工粗糙,残屑就会进入液压系统。这些都会引起油路不畅,造成油缸、马达早期磨损,液压阀堵塞或磨损,最终导致内泄外漏,压力不足,控制失灵,要想工作只能是调高压力,强制钻孔,为液压系统发生故障埋下隐患。

同时,在组装液压系统时带入的固有杂质,以及使用过程中产生的氧化物和维修装配时外界侵入的粉尘、水等污染物,都会直接或间接引起各种故障。因此,只有加强系统的污染控制,保持系统清洁,才能减少和避免故障的发生。

四、实例分析

在高速铁路隧道施工成本中占有较大比重的是开挖成本,要想降低项目成本,关键是减少施工人员数量,降低安全风险并对超挖等问题进行控制。现阶段,用三臂凿岩台车代替人工开挖是大势所趋,这是因为三臂凿岩台车减少了开挖人数,降低了安全风险,提高了开挖速度。下面,笔者以三臂凿岩台车在高速铁路隧道施工中的应用为例进行分析。

(一)项目概述

为给隧道提供高效且安全的施工环境,近年三臂凿岩台车常被用来对隧道进行开挖作业。本案例为安民隧道项目,项目全长约 14 000 m,其中Ⅱ级围岩的占比为 55.4%,Ⅲ级围岩的占比约 33.8%,Ⅳ级围岩的占比约 8.6%,Ⅴ级围岩的占比约 2.1%。项目所在区域的不良地质,主要是岩溶和岩溶水,此外还有少量软弱岩及软弱夹层存在。作为风险等级为Ⅰ级的隧道,本项目面临时间紧和任务重的双重挑战。由于项目地处中低山区,地表水多来自道太溪和安民溪,较好的径流条件,无形中增加了项目施工难度,涌水量过大的问题始终困扰着施工人员,种种不利因素导致正洞开挖困难,进尺速度慢。为保证施工工期,增加施工工作面,项目部决定对围岩较好的平导洞利用三臂凿岩台车进行全断面开挖。

（二）三臂凿岩台车的施工优势

1.功能配置完善

随着自动化减人、机械化换人政策的落实，施工效率与安全性得到了明显提高。相较于人工开挖用的气腿式风钻，三臂凿岩台车的功能配置更加完善，主要体现在大管棚钻孔和超前水平钻及锚杆施工等方面，施工单位无须单独购买管棚钻机、水平钻设施，施工成本自然能够得到较为明显的降低。此外，三臂凿岩台车还可用来开展注浆钻孔作业，施工人员只需对配套钻头进行更换，便可完成相关工作，钻眼角度也能够得到保证。

2.钻孔速度快

人工风钻开挖，需多人同时施工，进尺深度 3.2~3.3 m 左右，钻孔速度 2.5 min/根。而使用三臂凿岩台车每次进尺深度 4.5 m 左右，钻孔速度 1.5 min/根，开挖速度大大提高，能加快施工进度，缩短施工工期。

3.其他优势

首先，利用凿岩台车对工作面进行开挖，通常只需要几位操作人员前往现场，并且有防护顶棚为操作人员提供保护，可以有效降低落石给人员安全带来威胁的概率，人员在机器操作台操作，远离掌子面，安全风险大大降低。其次，三臂凿岩台车较人工风钻施工，缩短了安装风钻、人工开挖台车就位等其他操作流程，且钻孔质量得到了显著提高。最后，凿岩台车对资源的配置更加科学，能缩短开挖循环周期，在一定程度上降低了施工成本。

（三）三臂凿岩台车施工管理要点

1.智能钻孔

三臂凿岩台车可以三臂同时钻孔，实际施工时应根据隧道断面设计最合理的炮眼布局图，逐项完成找点、打眼和清孔工作。本项目使用三臂凿岩台车，每个钻臂只需花费 1.5 min，便能够得到 4.5 m 深的钻孔。现将其施工流程及管理要点归纳如下：首先，对场地进行平整，在台车到达指定位置后，进行台车支撑定位、调整台车电压等一系列准备工作，确保台车正常工作；其次，操作人员就位，根据测量人员在掌子面标记的钻孔布局位置，利用三臂凿台车进行钻孔；再次，在退钻的同时，利用高压水将钻杆多次正反转彻底清理孔内杂物，为下一步孔内填充爆破炸药提供便利；最后，由爆破人员提前用塑料胶带有规则地将乳化炸药绑扎在竹片上，待台车钻眼成孔后随时装药，实现钻孔、装药同步进行，大大缩短开挖循环周期。

2. 勘探地质

本项目所用三臂凿岩台车的加杆系统，由钻杆库、加杆器构成，利用其进行超前探孔，通常使用 ϕ64 mm 和 ϕ102 mm 钻头，ϕ64mm 钻头平均 10 min 可完成 20 m 探孔作业，ϕ102 mm 钻头根据围岩不同平均 40～60 min 可以完成 20 m 探孔作业。在此过程中，施工人员可以经操作系统，对水压流速、钻杆扭矩与钻进速率进行了解，并利用地质分析软件，通过复原施工区域地质的方式，获得真实且准确的地质报告。

3. 高空作业

台车吊篮臂向−30°～60°的范围推进，将摆动范围控制在−45°～45°，通过灵活控制的方式，提高定位的准确性。本项目适用吊篮的规格是 2 m×1.2 m，要想确保施工安全，工作负荷不得超过 450 kg。另外，三臂凿岩台车内设连接高压空气、高压水的接口，旨在使高空作业所提出的需求得到满足，如辅助检测、清理撬毛、安装锚杆与注浆。而在吊篮上部，设置伸缩顶棚的目的，主要是为高空作业人员的安全提供保障。

4. 锚杆施工

本项目开展锚杆施工的流程如下：第一步，利用风钻/锚杆钻机进行钻孔；第二步，根据锚杆位置选择注浆工艺，拱部为双管排气注浆，侧墙为单管注浆，设备以高压注浆泵为主。此外，台车钻臂的摆动范围是−45°～45°，升降范围是−30°～60°，推进梁的旋转范围是 360°，倾斜范围则是 0°～110°。这样设计的目的，主要是确保各类锚杆对钻孔角度及位置所提出的需求均能得到满足。

5.配件消耗管理和定期保养台车

在使用过程中，如何管理好、使用好、保养好三臂凿岩台车是非常重要的。在高速铁路隧道施工中，三臂凿岩台车往往需要消耗大量钻杆和钻头，同时，要随时检查凿岩机油路等系统。要想将施工成本控制在合理范围内，关键是严格按照三臂凿岩台车保养手册定期保养，加大配件消耗管理力度。对本项目而言，以下内容应当引起管理人员的重视：第一，成立三臂凿岩台车管理领导小组，定期检查；第二，定期保养台车，确保其能够长期处于正常运行状态，尽量延长台车使用寿命；第三，通过定期组织培训的方式，提高操作人员的能力和素质，使其操作更规范；第四，设置三臂凿岩台车维保专人，建立奖罚制度，同一班组人员要做到定期学习，做到会使用、会保养、会维修，同时制定好交接班制度，保证三臂凿岩台车正常运转；第五，建立配件消耗制度，做好配件收发台账，领用配件应做到以旧换新，严格控制配件消耗，同时根据工程施工情况，储存适量易损、易耗配件，避免出现配件供应不足导致工期被延误的情况。

待炮孔施钻成孔、装药完毕后，施工人员便可操控台车退出。此前，需要将水源、电源切断，卷好电缆和水管，并对其他材料机具进行整理，随后再将台车推到指定位置，进行全面检查与保养。另外，在项目施工过程中，如果出现电压不稳、水位下降过快和间隙出水等情况，施工人员应立即停止施工，对台车进行检查。事实证明，只有做到定期保养，才能确保台车正常运行。

本项目所使用的三臂凿岩台车的三个臂都进行了改装，通过改装臂，利用斜眼掏槽，可以更好地控制炮眼位置布局，有效控制超挖，保证施工效率，降低开挖后湿喷混凝土的消耗，控制施工成本。要想在施工过程中充分利用好三臂凿岩台车，必须保证凿岩台车的良好运行，因此对台车进行保养很有必要。为此，根据施工现场的实际情况，考虑单线隧道施工特点等各种因素，项目部专门修订了三臂凿岩台车管理办法，对凿岩台车的使用、维修、保养制定了详细的管理细则及责任划分,成立了维修保养小组,确保每天每辆台车都能够接受 2~4 h 的强制保养。此外,项目部还要求管理人员做好维修保养计划及维修保养台账。这样做旨在减小台车出现故障的概率,为提升施工质效提供有力保障。

通过对上述案例的分析能够看出,在高速铁路隧道规模持续扩大的当下,机械施工是不错的选择,而三臂凿岩台车作为机械施工不可缺少的设备,具有施工速度快、投入施工人员少、安全风险系数低、质量佳等优势。现阶段,全面掌握台车优势并对其加以应用,具有重大现实意义。

第四章　高速铁路桥梁施工常用机械设备及管理

第一节　运梁车的管理

一、运梁车简介

运梁车是将预制混凝土梁从梁场运输到架梁现场，用于铁路、公路桥梁施工的大型施工机械。按走行方式，运梁车可分有轮轨式和轮胎式两种，其中轮胎式运梁车又分为门架式和台车式两种。门架轮胎运梁车多用于断面较小的T梁，走行速度低，适用于短距离梁的运输。相比之下，台车轮胎运梁车发展较快，适用于大型断面、大吨位、长距离整孔箱梁的运输。运梁车具有直行、横行、斜行和转向行驶等行走功能。

二、运梁车的构成

运梁车主要由车架、液压悬挂、动力系统、制动系统、转向系统和驾驶室等部件构成。

车架是运梁车的主体承载结构，其他系统都安装于车架。

液压悬挂包括车桥、回转支撑、轮胎和悬挂体等部件。一个运梁车可包含几十个甚至上百个液压悬挂,通过液压悬挂油缸的合理分组,可实现三点支撑,保证各悬挂受力均衡。

动力系统包括发动机、油泵及有关液压与机械传动系统。

制动系统包括行车制动、驻车制动与紧急制动,制动力由液压系统提供。

转向系统通常采用独立转向形式,通过液压系统推动液压悬挂旋转,可以实现八字转向、前轮转向、后轮转向及斜行等功能。

驾驶室分为前后两个,一般情况下运梁车因体积大无法掉头行驶,两个驾驶室分别于不同行驶方向上独立使用。

三、运梁车安全操作规程

(1)运梁车属铁路施工专用特种设备,其购买、安装、使用必须符合以下规定:①必须是具有专业资质的生产厂家生产的产品;产品出厂时,应当附有安全技术规范要求的设计文件、产品质量合格证书、安装及使用修理说明、监督检验证书等。②运梁车在投入使用前或投入使用后 30 日内,应当向市级特种设备安全监督管理部门登记,登记标志应当置于运梁车的显眼位置。③运梁车拼装前应对各车架段的金属结构,进行仔细检查,不得带病拼装;连接各管路前应检查接头是否完好、管路是否有损伤,并检查液压油是否污染。④运梁车运梁前,必须进行试载、试运行,然后卸载进行全面检查,一切正常后才可投入使用。⑤运梁车试车后,必须马上对车轮的螺栓、螺母进行紧固。⑥运梁车正常使用期间,必须每两年报经具备资格的特种设备检验检测机构检验一次,并取得检验合格证。⑦运梁车大修、拆装后,必须进行试运转,报经具备资格的特种设备检验检测机构检验,并取得检验合格证。

(2)运梁车驾驶人员及辅助作业人员必须经过专业培训,取得特种作业操作资格证书,方可上岗作业。

(3)运梁车必须配备机长、副驾驶、辅助人员各 1 人同时上车作业,作业过程中应按主、辅岗位各司其职；运梁车行驶时，一人驾驶，其余两人应在车体两侧看护警戒，严禁无关人员进入作业区和操作室。

（4）运梁车驾驶人员应熟悉：①特种设备有关法规；②机械和电气方面的基本知识；③运梁车各机构构造和技术性能；④运梁车安全防护装置的性能；⑤起重、交通指挥信号；⑥保养和修理知识。

（5）每日作业前，机长应召集运梁作业人员开会布置作业任务，交代安全注意事项。

（6）运梁车工作时，操作人员的注意力要集中，严禁酒后上岗作业。

（7）驾驶人员在开机之前应仔细检查设备状况（各连接螺栓是否松动，发动机的机油、防冻液、柴油、液压油是否足够，各液压管路是否泄漏，各电磁阀动作是否灵活，悬挂机构有无缺陷，轮胎气压是否充足等），确认设备正常后方可启动发动机。如果气温在 0 ℃以下时，应空车低速移动预热运梁车各部机构。

（8）在运梁车的储气压力达到 0.4 MP 后，应检查运梁车的制动效果，在制动可靠的状况下，方可移动运梁车。

（9）运梁车空载行车时，平台高度应控制在 1 750 mm（不含驮梁小车），即悬挂油缸行程为 350 mm。

（10）在特别情况下，要求运梁车的平台高度调整到最低位置。在此情形下，必须使车体处于静止状态，而且在地势平坦、无任何突出物的地面进行，空载时为 1 480 mm，满载时为 1 450 mm（合计轮胎压缩），即悬挂油缸行程接近 0 mm。

（11）运梁车升降前，应首先打开截止阀；升降结束后，四角高差应控制在 1 cm 以内。

（12）检查悬挂支承是否正常的标准为：①悬挂油缸按标识打开或关闭截止阀；②行车时车架中部操纵箱上三个悬挂截止阀必须关闭；③三个悬挂油压表的示值应基本一致。

（13）运梁车应选择在路面宽度大于车体宽度 1 倍、基本平坦的水泥、沥青及压实的级配石路面上行驶，如遇障碍，应停车清除后方可继续行进。

（14）运梁车在行驶工况下，严禁操作"行驶方向"和"整升整降"选择开关。

（15）运梁车必须在停车后才可改变速度挡位开关的设置。

（16）须避免在重载、行进工况下调整车辆，调整车辆应安排在停车、空载状态下进行。

（17）运梁车行驶时适用的坡度，纵坡≤5%、横坡≤4%；重载爬坡时，应选择"爬坡"挡。

（18）运梁车空载平地行驶速度应控制在 10 km/h 以内，满载平地行驶速度应控制在 3 km/h 以内。

（19）运梁车正常行驶时平台离地间隙≤150 mm。

（20）运梁车在弯路上行驶时应尽量走大弯，严禁急转弯。

（21）运梁车以自动导航前进时，必须低速缓慢行进。

（22）运梁车不得超载、带病运行。

（23）运梁车车架在接近最高或最低位置时只容许低速行驶。

（24）运梁车在行进过程中严禁猛踩制动踏板、急剧刹车。

（25）运梁车在装梁前，应依据预制梁的体积和重量调整平台高度，并在平地上将两台驮梁台车调整到水平位置，使梁体在驮梁台车满足四点支撑、三点受力的要求。

（26）运梁车在制梁场装梁时，操作人员应听从现场指挥的调度，如发现影响安全的问题，应及时向现场指挥人员反映并予以消除。

（27）运梁车进提梁机接梁时，应有专人指挥，防止运梁车碰撞提梁机发生坠梁或倾覆事故；落梁时应缓慢轻放，摆放平稳，梁重心与车架中心的纵向偏移不大于 100 mm，横向偏移不大于 100 mm，以避免运梁车倾斜。

（28）运梁车运梁时不得关闭悬挂油压传感器的报警和自动停车功能。

（29）运梁车进架桥机送梁时，架桥机应有专人指挥，减速缓慢行进，防止碰撞架桥机，并尽量使运梁车的中轴线与架桥机的行进中轴线相吻合。

（30）运梁车夜间施工时，应保证有足够的灯光照明。

（31）当风力达到 6 级时，严禁运梁车运梁。

（32）运梁车主机运转时或载梁临时停车时，驾驶人员不得离开驾驶室。

（33）卸梁时，应在平整牢固的场地上进行，并固定运梁车，防止滑动。

（34）运梁车在行进过程中出现故障，驾驶人员应马上停车，向现场负责人报告。现场负责人应组织人员固定好运梁车，及时排除故障。

（35）驾驶人员离开驾驶室前必须使速度手柄置于中位，打开驻车制动器，同时关闭驾驶室控制开关。

（36）运梁车长时间停置时应选择平地，特别状况下在坡道上停置，应在两侧轮胎下塞楔木，防止溜滑。

（37）严禁拆掉运梁车自动控制机构及监测、指示、仪表、报警等装置，不得随意解除安全报警及自动停车等功能。

（38）当发现运梁车运行不正常时，应及时停车检查修理，不得在运行中进行检查修理。

（39）运梁时在坡上时，要注意三个支承点悬挂油压表反映的负荷分配状况，任何时间三个支承点间的压力差不得超过 15%。

（40）运梁车除进行每日检查外，必须按照设备的维修保养规程，每月进行一次检修，每年进行一次全面检修，以确保设备处于安全运行状态，并应填写运行及维修保养记录。

（41）运梁车修理时，应符合以下要求：①将运梁车移至开阔、平坦、无障碍的位置；②将所有的控制器手柄置于零位；③悬挂停车检修标志牌；④修理人员登高超过 2 m，应系安全带；⑤修理完成后应有专职人员复核验收。

第二节　架桥机的管理

一、架桥机简介

架桥机就是将预制好的梁片放置到预制好的桥墩上去的设备。架桥机属于起重机范畴,因为其主要功能是将梁片提起,然后运送到位置后放下。但架桥机与一般意义上的起重机有很大不同,其应用条件严苛,并且常在梁片上走行,或者叫纵移。

二、架桥机的主要构成

以 JQ900A 型龙门式双主梁三支腿架桥机为例,其主要由机臂、起重小车、一号柱、二号柱、三号柱、液压系统、电气系统、柴油发电机组以及安全保护监控系统等部分构成。

JQ900A 型架桥机架梁作业为跨一孔简支式架梁,由 YL900 型运梁车运梁至架桥机尾部喂梁,起重小车吊梁拖拉取梁,空中微调箱梁位置就位,架桥机采用液压驱动轮胎走行,步履纵移过孔作业方式。JQ900A 型架桥机可以架设 32 m、24 m、20 m 双线整孔箱梁,适应架设最小曲线半径为 5 500 m,适应架设最大坡度为 20‰的纵坡,额定起重量 900 t。

(一) 机臂

机臂是架桥机的承载主梁,为双箱梁结构,根据机臂的受力工况和有限元分析计算,每根箱梁设计成箱形变截面形式,全长 66 m,箱梁高 3 m,分成六个节段;两主梁中心距 9 m,节段间采用高强螺栓连接。节段解体后可由公路或铁路运输。

机臂上盖板上铺设有起重小车走行轨道，一、二号柱间下翼缘板上和下盖板底部铺设有供一号柱托挂轮走行的轨道。机臂与二、三号柱通过高强螺栓固定连接，一号柱纵移时可与机臂相对运动，架梁时通过托挂轮组、定位装置与机臂铰接。

机臂两端通过横联连接在一起，二、三号柱部位采用马鞍形横联连接，可以进一步提高机臂间的横向连接刚度，马鞍形结构既可以保证起重小车的通行，又能提高整机的横向整体性。

机臂前部下盖板设有变跨节点，提供一号柱不同的安装位置，满足 32 m、24 m、20 m 箱梁架设作业施工的需要。架桥机纵移时，一号柱可沿机臂下耳梁前后走行，架梁时通过节点定位装置与机臂固定铰接。

（二）起重小车

JQ900A 型架桥机配有两台起重小车，有各自独立的起升机构、走行机构和横移机构。每台起重小车装有两套独立的起升机构，两套起升机构通过均衡机构使左右吊点受力均衡，从而将架桥机吊梁作业时的四吊点转换成三吊点，使箱梁均衡受载，平稳起落。

起重小车具有三维运动和微动功能，能保证箱梁的准确对位安装。起升采用传统的电机—减速机—卷筒方式，走行通过液压马达驱动链条在机臂上拖拉运行，油缸推动横移小车横移。起升、行走速度无级可调，起升机构采用变频器无级调速，平稳可靠；走行驱动采用变量泵-变量马达系统，调速范围较大，可以进一步提高作业效率。

起重小车采用凹式结构架。走行机构采用链传动牵引、重物移运器承重走行的方式。起重小车起升机构为电机驱动，行星齿轮减速机内藏式卷扬机传动。起升机构的高速轴和卷筒上均设有制动装置，高速轴采用液压推杆制动器作为常规运行制动，电机与减速机之间通过带制动轮的齿轮联轴器连接；低速级采用液压盘式制动器作为紧急制动,确保吊梁作业安全可靠。

起升机构包括起升卷扬机、动滑轮组、定滑轮组和均衡滑轮等,滑轮组倍率为 2×16,其中均衡滑轮架上安装有荷重传感器,可以实时反映起升载荷。起升卷扬机为电机驱动,行星齿轮减速机内藏式卷扬机,电机自带制动装置。

起重小车卷扬机构采用主动排绳器排绳。排绳器由变频电机、链轮、链条、丝杆、螺母、导向杆、支座和导向滚轮等组成传动机构,是一个随动系统,与卷扬机形成闭环控制。卷扬机转一圈,排绳器的导向滚轮横向移动一个钢丝绳直径距离。导向滚轮从一端走到另一端,钢丝绳在卷筒上缠绕完一层。然后,通过接近开关使导向滚轮反向运动,开始第二层钢丝绳的缠绕。

(三) 一号柱

一号柱是架桥机的前支腿,支撑在前方墩台前半部支撑垫石上,主要由托挂轮机构、折叠柱、伸缩柱等组成。架梁作业时,一号柱与机臂纵向固定成铰接结构,成为柔性支腿,与机臂、二号柱组成龙门架结构,满足架梁作业的支撑要求。纵移作业时,一号柱与机臂之间可相对运动,实现架桥机步履纵移。

一号柱设有折叠机构,可以满足正常架梁和最后一孔箱梁架设时一号柱上桥台支撑的需要。一号柱与机臂有三个固定位置可以满足三种不同跨度箱梁的架设。

托挂轮机构由托轮组、挂轮组、托挂架、导向装置及纵向定位销等组成。一号柱共有四个托轮组,左右各两组,为从动式,在机臂前端下盖板腹板下方支撑机臂。托轮架上装有挂轮组,左右各两组,分别悬挂在机臂下耳梁上,整个一号柱可以在挂轮组带动下沿机臂下耳梁前后走行。架桥机可在三号柱走行驱动机构和一号柱托挂轮组配合作用下完成纵移作业。为了减少架桥机纵移时的摩擦阻力,使整个结构更紧凑,托挂轮设计成无轮缘式,因此需要设置导向装置,每套托挂轮机构在机臂下耳梁两侧各设有两个导向装置,在架桥机纵移及一号柱沿机臂纵向运动时起导向作用。托轮架与柱体为铰销连接,托挂轮架上装有纵移定位销，当一号柱纵移到位时，在机臂与一号柱间采用销轴定位，从而实现一号柱与机臂的固定铰接。

（四）二号柱

二号柱位于机臂中部，与机臂固结，是"龙门架"结构中的刚性支腿，为"O"形门架结构，根据其受力特点，设计成上宽下窄形式，以提高与主梁的连接刚性。二号柱的下横梁设有两个支腿，通过液压油缸实现支撑枕木的支垫和拆除，满足纵移时换步和架梁作业时稳定支撑的要求。两支腿下设有横移机构，通过横移油缸推动二号柱带动机臂摆头，从而横向调整架桥机位置，适应曲线架梁需要。由于运梁车驮运架桥机工况的需要，下横梁设计成可拆卸式。

（五）三号柱

三号柱是架桥机纵移驱动支柱，为满足运梁车喂梁通过及架桥机纵移驱动要求，设计成门架结构，由升降柱、折叠机构、走行机构、液压悬挂均衡装置、转向机构等组成。

升降柱、折叠机构使三号柱有两种支撑工位——宽式支撑和窄式支撑。运梁车喂梁作业时，架桥机三号柱提升支腿并外摆走行轮组形成宽式支撑，运梁车可以载梁从三号柱内部通过，完成喂梁作业。待箱梁被完全吊离运梁车顶面后，运梁车自由退出。架梁与运梁作业并行，可以提高作业效率。由于起重小车取梁位置紧靠二号柱，所以取梁时三号柱受力很小。此外，由于三号柱采用轮胎式支撑，接地面积较大，从而解决了架设变跨梁时三号柱施工荷载对已架箱梁的影响。架桥机纵移作业时，三号柱向内摆动走行轮组，并支撑在箱梁腹板上方，形成窄式支撑，三号柱的走行驱动机构驱动架桥机向前纵移。

升降柱的升降通过油缸推动实现，架梁作业和走行作业时由销轴锁定。升降柱的内外柱之间有几个孔位，通过调整一、三号柱插销孔位可以调整机臂的纵向水平度，使其不大于7‰。

三号柱为轮胎式液压驱动走行，8 轴 16 对轮轴，32 个轮胎，其中 12 个轮胎为驱动轮。走行驱动由高速马达通过行星减速机驱动轮辋带动轮胎实现行走，采用变量泵-定量马达液压回路，每个驱动轮组都备有制动功能。

走行轮组通过不同路况时，液压悬挂油缸能对走行轮轴作竖向补偿，并使各走行轮受载均衡。同时走行轮轴可以横向适量摆动，以适应线路横坡情况。

JQ900A 架桥机采用轮胎自力走行过孔方式作业，考虑架桥机走行曲线半径很大，转向作业不频繁，根据走行轮组结构布置形式，采用偏转走行轮组式的转向型式（轮胎式起重机较多采用）。在三号柱走行轮组上设置有转向机构，可推动架桥机机臂沿一号柱托轮组前移。三号柱的 16 个走行轮组分成 4 组，每组间的 4 个走行轮组通过连杆相连，由一个转向油缸推动实现转向，有相同的转向角度。架桥机过孔走行速度应控制在 3 m/min 以内，且应设置接近预减速措施，以保证过孔作业安全。走行时轮组横向偏移量应控制在 ±30 mm 内。

三号柱的走行驱动装置由液压马达、轮边减速机、轮胎组成。每个走行轮组均装有液压悬挂均衡装置，能够保证行走时各轮组受力均衡。

三、架桥机的分类

我国常备的架桥机有三种，多用来分片架设钢筋或预应力混凝土梁。

（一）双悬臂式架桥机

这类架桥机不能自行，需用机车顶推；其前臂用来吊梁，后臂吊平衡重，前后臂都不能在水平面内摆动。架桥时，常须用特制的 80 t 小平车将梁片运到架桥机前臂的吊钩之下（称为"喂梁"）才能起吊。为使调车作业方便，还需在桥头铺设岔线。架桥机将梁吊起后，轴重增大，而桥头的新建路堤比较松软，因此，对架桥机吊梁行车地段必须采取加固措施，如用重车压道，加插轨枕等。

（二）单梁式架桥机

单梁式架桥机的吊臂为一箱形梁，向前悬伸，在其前端有一能折叠的立柱（由左右两脚杆组成）。该机可在空载状态下自行驶入桥位，再将前立柱伸直，支在前方桥墩上。当所架梁片（或整梁）沿吊臂移动时，吊臂接近简支梁状态。架桥时，须先将梁片利用特制龙门吊机从铁路平板车上转移到特制运梁车上，再将此运梁车和架桥机后端对位，用行驶在架桥机吊臂上的两台吊梁小车将梁片吊起，沿吊臂前行，到达桥位落梁。为适应曲线架桥，该机的吊臂能在水平面内做少量摆动。梁片就位方法与双悬臂式架桥机所用方法相同（移梁或拨道）。相较于双悬臂式架桥机，该机的优点是：取消平衡重，不再需要机车顶推，喂梁不需桥头岔线，机械化程度较高，安全性能有所提高。

（三）双梁式架桥机

双梁式架桥机的吊臂由左右两条箱梁组成，两梁贯通机身并向前后端伸出，在两端都有由两腿杆组成的折叠立柱。横跨两条箱梁有两台桁车，能沿吊臂纵向行驶。吊梁小车置于桁车上，能沿桁车横向行驶。待架的梁片（或整梁）可用铁路平板车直接送到架桥机的后臂之下，用吊梁小车起吊后，凭桁车前移，再以吊梁小车横移，然后落梁就位。这类架桥机的前后端都可吊梁及落梁；改变架梁方向时，不需要调头；为适应曲线架桥，前后臂都可在水平面内摆动；分片架设时不必移梁或拨道，梁即可就位；"喂梁"也不需要桥头岔线或特制的运梁车。

除上述常备架桥机外，施工单位有时根据需要制作各种临时性架桥机。如在九江桥南岸引桥施工中，曾制成一台可吊重 300 t 的专用架桥机，以整孔架设跨度 40 m 的无碴无枕预应力混凝土梁。有的施工单位还常用常备钢脚手杆件、拆装式梁或军用梁等组成简易架桥机，及时完成架桥任务。需要注意的是，架梁之后要立即铺轨，架桥机才能继续向前作业。

四、架桥机的操作规程

（1）架桥机纵向运行轨道两侧规定高度要求对应水平，保持平稳。前、中、后支腿各横向运行轨道要求水平，并严格控制间距，三条轨道必须平行。

（2）斜交桥梁混凝土梁安装时，架桥机前、中、后支腿行走轮位置，左右轮要前后错开，其间距可根据斜交角度计算，以便支腿轮可在同一横向轨道上运行。

（3）架桥机纵向移动要做好一切准备工作，要求一次到位，不允许中途停顿。

（4）架桥机天车携带混凝土梁纵向运行时，前支腿部位要求用手拉葫芦与横移轨道拉紧固定，增强稳定性。

（5）安装桥梁有上下纵坡时，架桥机纵向移位要有防止滑行的措施。例如，采用三角铁块在轮子前后作防护，尤其是当中腿距梁端很近，移位时要注意控制。

（6）架桥机拼装后一定要进行试吊、试运行，也可用混凝土梁试吊后，架桥机再运行到位开始安装作业。

（7）架桥机安装作业时，要经常注意安全检查，每安装一孔必须进行一次全面安全检查，发现问题要停止工作并及时处理后才能继续作业，不允许机械带故障工作。

（8）安装作业不准超负荷运行，不得斜吊提升作业。

（9）连接销子加工材质必须按设计图纸的要求进行，不得用低钢号加工代替。

（10）五级风以上严禁作业，必须用索具稳固架桥机和起吊天车，架桥机停止工作时要切断电源，以防发生意外。

（11）架桥机纵向就位必须严格控制位置尺寸，确保混凝土预制梁顺利安装就位。

（12）由于架桥机属桥梁建设大型专用设备，架桥机作业必须明确分工，统一指挥，要设专职操作人员、专职电工和专职安全检查员等；要有严格的施工组织及措施，确保施工安全。人员的基本要求如下：

①指挥员 1 名：熟悉桥梁结构及起重工作的基本要求。首先熟悉架桥机的结构、拼装程序、操作方法和使用说明书中的要求，并具有一定的组织能力，熟悉指挥信号，责任心强。

②电工 1 名：能看懂架桥机电路图并能按图接线，能在工作中迅速排除故障，责任心强，业务熟练。

③液压工 1 名：熟悉液压系统的基本知识和使用及维修技能，能正确操作和排除有关故障。

④起重工 3 名：具有多年从事起重工作的经历，责任心强，具备一定的力学知识，熟悉起重机操作规程和安全规程，工作认真负责，一丝不苟。

⑤辅助工 3 名：具有一定的文化知识，身强力壮，能吃苦耐劳，肯钻研业务。

（13）悬臂纵移时，上部两天车必须后退，前天车退至后支腿处，后天车退至后支腿和后顶高支腿中间。

（14）中顶高支腿顶高时，前天车必须退至前支腿处，后天车必须退至后支腿处。

（15）前支腿或后顶高支腿顶高时，两天车必须退至中支腿附近。

（16）前支腿顶高就位后，必须采用专用夹具将顶高行程段锁紧，以免千斤顶长时间受力。

（17）液压系统：①属于同一液压缸上的两个球型截止阀，必须同时关闭或同时打开，切不可只打开其中一个而关闭另一个，否则将会使软管爆裂或液压缸损坏，甚至造成事故。②应根据前、中、后三个支腿和吊梁千斤顶的不同工况来确定溢流阀的整定值，但最大不得超过 31 MPa，整定后即用螺帽锁紧，并不可任意改动整定压力。整定压力过小则工作中经常溢流，造成油温升高甚至不能工作；整定压力过大则不能起保险作用，使元件损坏。具体整定数值由现场技术人员确定。③当油温超过 70℃时应停机冷却,当油温低于 0℃应考虑更换低温液压油。④当各部元件、管路发生故障时,应立即停机,由经过培训的专职技术人员检查修理,操作人员不可擅自拆卸。

(18) 架桥机必须设置避雷装置,需由使用单位自行设置。

(19) 架桥机大车行走方梁的承载能力应满足有关要求,两自由端必须设置挡铁。大车行走箱处配备有专用工具(楔铁)和警示牌,如果由于机械、电气或误操作引起大车行走失控时,将楔铁塞入行走轮与轨道之间,使架桥机不能继续滑移。

(20) 在架桥机纵移或横移轨道两端,必须设置挡铁,以保证架桥机的移位安全。

(21) 架桥机工作前,应调整前、中和后支腿高度,使架桥机主梁纵向坡度小于 1.5%。

(22) 架桥机纵向行走轨道的铺设纵向坡度应小于 3%,不满足时应调整至此要求。

(23) 架桥机在下坡工作状态下,纵行轨道的纵向坡度大于 1%~3%时,必须用卷扬机将架桥机牵引保护,以防溜车下滑。

五、架桥机事故原因分析

随着高速铁路建设的发展,架桥机的使用日益频繁。

架桥机脱轨、倾覆,往往造成机毁人亡的重大后果。一旦发生事故,不仅起复、修复架桥机需花费较长时间和大量资金,还会严重影响桥梁架设及铁路建设进度。

特别是我国发展高速铁路进程逐渐加快,架桥机在高速铁路建设中的使用将会更加频繁,如果发生倾覆事故,造成的伤亡和损失将会更大。

笔者对 1985 年以来我国发生的架桥机事故进行统计分析,把事故原因归结为以下几方面：

（一）人为原因

据分析可知，许多架桥机事故都与人为因素有关。实际上，如果下部工程施工单位严格按照《铁路路基施工规范》修筑好路基，保证其质量而不留事故隐患，铺架单位严格按照《铁路架桥机架梁规则》施工，就能防止倾覆事件的发生。但有些施工企业职工素质不高，责任心不强，技术水平差；一部分单位制度落实不够，不按标准化施工生产；有些施工人员在施工过程中为图快、图省事而违章作业，把一些必要的工序或安全措施予以省略，如压道次数不够甚至根本不压道等。这些均是造成架桥机事故的原因。

由于铺轨数量是铁路建设的重要指标，也是国家衡量铁路建设进度的主要统计指标，施工组织设计时留给铺架单位的铺架工期本来很紧张，而在施工中路基施工单位、桥隧施工单位由于种种原因往往拖工期，而总工期不变甚至有时还须提前，则留给铺架单位的铺架时间更短。在此情况下，铺架单位不得不为赶进度而昼夜加班，使施工人员身心疲乏，为赶工期而图快图省事不按规则施工，使铺轨后的线路质量达不到标准，而给架桥机通过留下事故隐患。用架桥机架桥时，施工人员为赶工期也往往省略有关安全措施，这样发生事故的概率便大大增加。

（二）路基及线路原因

路基质量差是导致架桥机倾覆的主要原因之一。在新线和既有线上都或多或少地存在路基隐患，如墓穴、弧石坑、局部回填、抛填大石块或冻土块、积水浸泡、有暗流从路基一面渗流到另一面等情况。特别是桥台与桥头填土之间常有夯填不实的情形，这是造成事故多发的主要原因之一。此外，线路质量差也是造成架桥机事故的主要原因之一，如曲线地段外轨超高过大易导致机身倾斜而引起倾覆事故，线路坡度不平顺则易导致架桥机溜滑，进而前倾。

（三）架桥机自身原因

悬臂式架桥机需吊着梁片通过桥头路基对位，走行时重心很高，且轴重很大，极易发生倾覆。我国的高速铁路施工主要使用单梁式或双梁式架桥机，其虽比悬臂式先进，但其结构仍有不合理的地方，如机体长、自重大、轴重大、重心较高，而且本身没有防护装置，一旦发生架桥机倾斜，毫无办法，只能任其倾覆。

（四）设备维护保养不善

架桥机属于大型复杂机械设备，且作业工序多，由于架桥机某个关键部位运转失灵或某个关键工序操作失误导致架桥机倾覆的事故也是发生过的，如某单位一架桥机由于平时维护保养不善，2号起重小车刹车不灵，致使运梁的2号起重小车与主机发生相撞事故，主机随即脱轨前倾，造成了严重的经济损失和人员伤亡。

六、防范架桥机事故发生的措施

（一）培养敬业精神，增强工作人员的责任感

施工单位必须采取有力的措施加强宣传教育，使工作人员认识到架桥机在高速铁路施工中所处的重要地位，明白自己的工作影响到铁路能否按期全线贯通，关系到国家和人民的生命财产安全。此外，要让工作人员发自内心地热爱本职工作，做到敬业爱岗。

（二）实施安全系统工程，实行全面安全管理

一方面，要在施工过程中全面推行安全系统工程，发现施工系统中的事故

隐患，预测由故障和失误引起的危害，设计和运用安全措施方案，对措施效果作出总结评价，不断地改进安全系统。

另一方面，要在施工过程中实行全面安全管理。全面安全管理是指运用系统工程的原理，综合运用现代管理技术和方法，对安全生产实行全过程、全员参与、全阶段的管理。这样就可以编织成一个纵横交错、纵向到底、横向到边的安全管理网，使施工企业的全部安全管理工作形成有机整体。全面安全管理是施工企业搞好安全施工生产的最根本、最有效的组织管理办法。

线下工程施工单位和铺架单位都要根据安全系统工程和全面安全管理的原理和要求，制定具体的安全管理制度并有效实施。

（三）加强员工培训，严格执行相关规章制度

加强员工培训，严格执行《铁路架桥机架梁规则》。架梁工作包括工务、机务、电务、车辆、运输等多方面的工作，任何一个工作人员操作失误都有可能导致事故发生。相关单位应对所有员工进行有组织的培训，培训时既要注重理论知识，也要注重实际技能，要使所有员工熟练掌握有关知识和技能，使之具备较高的操作水平和较强的应变能力。《铁路架桥机架梁规则》对架桥施工有严格的规定，只要严格执行，架桥机倾覆事故可大幅度减少，所以铺架单位应组织有关人员全面学习该规则，熟悉每一个细节，并结合已发生过的事故案例对照学习，从中吸取教训，防止类似事故再次发生。要实行持证上岗制度，所有人员都要经培训考核合格取得相应证书后方能上岗，而且要定期进行知识更新培训。

（四）科学制定工期

许多施工企业已经使用了网络计划技术，对整个工程的工期和进度进行合理安排。如果各施工单位合理应用该技术，科学合理地安排工期，并在执行中把各子工程的进度和质量与员工的切身利益挂钩，奖惩分明，确保施工质量和

施工进度，就可为铺架单位争取到充裕的时间，为其保质保量完成铺架任务提供保障。此外，铺架单位有足够的工期，能够按照正常的工作制度精力充沛地按质铺轨架桥，一定程度上也消除了事故隐患。

（五）严格执行监理制，确保施工质量

《铁路架桥机架梁规则》要求，线下工程施工单位必须向铺架单位提供有关桥头填土夯实情况的资料，这是根据架桥机的倾覆大都是由桥头填土存在问题这一现实而提出的。例如，在桥头填土内有无抛填块石、冰冻土块和未分层进行碾压等情况，唯有线下工程施工单位清楚，仅凭铺架单位的检查是查不出所有问题的。

但现实中，有些铺架单位往往对线下工程施工单位提供的资料不屑一顾，这是因为，长期以来，我国铁路"路基验标"中确定的质量检验评定是以自检为主的管理方法。自检作为企业内部管理方法是正常的，但是作为工程交付，以自检结果为依据是否合适就值得商榷了。为了督促检查施工单位严格执行国家和铁路管理部门颁发的铁路工程技术标准、规范工程质量检查评定标准，应在铁路路基施工中严格实行工程监理制，加强工程的检查工作，必须做到：所有要求进行检查的项目，都必须在监理工程师参与或在场的情况下进行，否则不予承认；前一道工序必须达到质量标准后才能进行下一道工序的施工。只有这样，才能确保路基施工质量，消除路基隐患，也才能使线下工程施工单位提供的资料真实可信。

在铺架施工中也应该严格执行监理制，督促检查铺架单位严格执行《铁路架桥机架梁规则》，严格执行有关规定，严格按照架桥机的操作规程操作使用架桥机，严格执行有关安全工作的规定，从而确保铺架质量和安全。

（六）做好设备维护保养工作

应针对架桥机建立一套完善的维护保养制度，从安装、调试、运作、入库

封存等方面，每一个环节都有严格的管理办法，使架桥机始终处于良好的技术状态。另外，应对架桥机加强状态监测和故障诊断，确保架桥机安全运作。

第三节　提梁机的管理

一、提梁机简介

提梁机是在混凝土桥面板预制现场，将已硬化的预制混凝土桥面板堆放或将桥面板安放在运梁车上的提升和运行机械。提梁机易于拆装、运输，与普通门式起重机相比，安装方便快捷，经济实用，适用于经常流动的道路桥梁建设单位。

二、提梁机的分类

提梁机按照大车的走行系统分为轮轨式提梁机和轮胎式提梁机两种。轮轨式提梁机造价低，一般两台组成一套，每台起重量为所吊混凝土箱梁自重的一半。轮轨式提梁机要在现场铺设轨道，只能在轨道上运行。轮胎式提梁机一般单台独立工作，其大车轮组多通过液压悬挂系统实现均衡受力，可以纵行、横行和斜行，具有机动灵活、适应性强等优点，但轮胎式提梁机的造价要高于轮轨式提梁机。

三、提梁机的构成

提梁机主要由主体结构、大车走行系统、天车起升系统、动力系统等组成。

主体结构,用来安装大车走行系统、驾驶室、人行走台等相关机电设备,包括4条支腿、端横梁与主梁。根据需要,主梁有单主梁与双主梁两种形式。主体结构一般采用抗扭性能好的箱形梁形式。

大车走行系统,有轮轨式和轮胎式两种。轮轨式提梁机采用多极均载梁结构实现各轮的受力均衡;轮胎式提梁机通过四点支撑、三点平衡液压悬挂系统实现各轮的受力均衡。

天车起升系统,由车架、吊梁行车、箱梁吊具、动滑轮组、定滑轮组、导向滑轮、均衡滑轮和卷扬机等设备组成。为适应起吊不同长度混凝土箱梁的需要,吊梁行车装有纵向位置调整装置,位置调整通过推力液压缸或柔性牵引机构实现。为保证精确的落梁位置,吊梁行车还装有横向位置调整装置,位置调整通过推力液压缸实现。为保证钢丝绳受力均匀,天车起升系统通过四点起吊、三点平衡实现均载功能。

动力系统,一般采用电力驱动。

四、提梁机的技术要求

(1) 提升机构和运行机构运行速度要低,以提高预制梁对位精度和减少对提梁机结构的冲击。

(2) 提梁机内部空间要足够大,以满足吊运预制梁与架桥机的拼装。

(3) 主体结构在满足强度、刚度、稳定性前提下,应考虑拆装运输方便。

(4) 采用两台提梁机吊运预制梁时要使两台提梁机同步运行。

五、提梁机的操作与维护要点

（1）操作人员要经过培训，考核合格后才能上岗。
（2）操作人员应严格按照操作要求、操作步骤等进行操作。
（3）相关人员应对机械装置、电气装置定期检查维护。
（4）在操作过程中，相关人员发现任何问题都应停机检查直至问题排除。

第四节　起重机的管理

一、起重机简介

起重机是以间歇作业方式对物料进行升降和水平移动的搬运机械，俗称吊车。起重机主要用来吊运成件物品，配备适当吊具或容器后也可吊运散装物料和液态物料。

起重机通常按结构分为桥架型起重机、臂架型起重机和缆索起重机等。其中，桥架型起重机以桥式起重机、门式起重机为主；臂架型起重机包括悬臂起重机、塔式起重机、门座起重机、浮式起重机、流动式起重机（如汽车起重机、轮台起重机等）、桅杆起重机、甲板起重机等。

在高速铁路施工中，桥架型起重机的应用最为广泛。桥架型起重机具有水平桥架，能越过地面障碍物吊运重物或完成一定的工艺操作。其中，桥式起重机在高架轨道上运行，门式起重机在地面轨道上运行。

二、起重机安全操作注意事项

（一）确认资格

（1）起重机使用人员必须经劳动部门培训后方可上岗，无证严禁操作。

（2）没有生产部门的安排，不准其他人员擅自使用起重机。

（二）开机前的检查

（1）检查各部位是否漏油，若漏油应及时处理。

（2）检查各部位是否有故障，应注意制动器是否灵敏可靠。

（3）检查操作手柄、按钮开关是否处在规定位置，操作是否灵敏可靠。

（4）检查传动系统、润滑系统电器装置是否良好，导轨面是否清洁，上面是否有闲人或异物，如果控制器、限位器、电铃、紧急开关失灵，严禁吊运。

（5）检查各防护罩是否安全牢固。

（6）检查钢丝绳有无损坏，有无拱出滑轮，以及吊钩螺母有无松脱，吊钩轴销有无变形。

（7）空车运转检查润滑情况。

（8）各部位正常后首先响铃或发出警告信号方可工作。

（三）工作中

（1）注意起重机所有部位的工作情况和润滑情况，如有异状或异响应立即停车检查，直到消除异状或异响。

（2）严格遵守"十不吊"原则。

（3）尽量避免重物突然提离地面，提升时应将重物离地约 100～150 mm，直至确认所有提升装置都正常无卡阻现象、制动可靠有效后，方可继续提升。

（4）在起吊操作情况下，严禁利用限位开关停车。

(5) 严禁对各机构进行反接制动。

(6) 发生突然停电或线路电压急剧下降时，应迅速将所有控制器扳（转）到零位并切断总开关。

(7) 起重机运行时，严禁有人上下，也不准在运行时进行检修和调整机件。

(8) 必须听从挂钩起重人员（一人）的指挥。正常吊运时不准多人指挥，但看到任何人发出的紧急停车信号，都应立即停车。

(9) 起重机司机必须在得到指挥信号后方能进行操作，并且启动时应先鸣铃。

(10) 操作控制手柄时，应先从"零"位转到第一挡，然后逐级增减速度。转向时，必须先转回"零"位。

(11) 工作停歇时，不准将起重物悬在空中停留。运行中，被吊物体移动范围内有人时或落放吊件时，应鸣铃警告，严禁吊物从人头顶越过，吊运物件离地不得过高。

(12) 当接近卷扬机限位器、大小车临近终端或与邻近行车相遇时，速度要缓慢，不准用倒车代替制动，限位、停车紧急开关代替普通开关。

(13) 对于桥式起重机，应在规定的安全走道专用站台或扶梯上行走和上下，大车轨道两侧除检修外不准行走，小车轨道上严禁行走。不准从一台桥式起重机跨越到另一台桥式起重机。

(14) 两台桥式起重机同时起吊一个物件时，应按起重机额定起吊重量的80%合理分配，统一指挥，步调一致，稳步吊运。严禁任何一台起重机超负荷吊运。

（四）工作后

(1) 将吊钩升高至一定高度，停靠在指定位置，控制器手柄置于"零"位，拉下保护箱开关手柄，切断电源。

(2) 进行日常维护保养。

(3) 做好交接班工作。

三、门式、桥式起重机的操作规程

（1）起重机路基和轨道的铺设应符合相关规定，轨道接地电阻不应大于 4 Ω。

（2）使用电缆的门式起重机，应设有电缆卷筒，配电箱应设置在轨道中部。

（3）用滑线供电的起重机，应在滑线两端标有鲜明的颜色，滑线应设置防护栏杆。

（4）轨道应平直，鱼尾板连接螺栓应无松动，轨道和起重机运行范围应无障碍物。门式起重机应松开夹轨器。

（5）门式、桥式起重机作业前的重点检查项目应符合下列要求：①机械结构外观正常，各连接件无松动；②钢丝绳外表情况良好，绳卡牢固；③各安全限位装置齐全、完好。

（6）操作室内应垫木板或绝缘板，接通电源后应采用试电笔测试金属结构部分，确认无漏电方可上机。上、下操纵室应使用专用扶梯。

（7）作业前，应进行空载运转，在确认各机构运转正常，制动可靠，各限位开关灵敏有效后，方可作业。

（8）起重机启动前，应先发出音响信号示意。

（9）重物提升和下降操作应平稳匀速，在提升大件时不得用快速，并应拴拉绳防止摆动。

（10）吊运易燃、易爆、有害等危险品时，应经安全主管部门批准，并应有相应的安全措施。

（11）重物的吊运路线严禁从人上方通过，亦不得从设备上方通过。空车行走时，吊钩应离地面 2 m 以上。

（12）吊起重物后应慢速行驶，行驶中不得突然变速或倒退。两台起重机同时作业时，应保持 3~5 m 的距离。严禁用一台起重机顶推另一台起重机。

（13）起重机行走时，两侧驱动轮应同步，发现偏移应停止作业，调整好后方可继续使用。

（14）操作人员由操纵室进入桥架或进行保养检修时，应有自动断电联锁装置或事先切断电源。

（15）露天作业的门式、桥式起重机，当遇6级及以上大风天气时，应停止作业，并锁紧夹轨器。

（16）门式、桥式起重机的主梁挠度超过规定值时，必须修复后方可使用。

（17）作业后，门式起重机应停放在停机线上，用夹轨器锁紧，并将吊钩升到上部位置；桥式起重机应将小车停放在两条轨道中间，吊钩提升到上部位置。吊钩上不得悬挂重物。

（18）作业后，应将控制器拨到零位，切断电源，关闭并锁好操纵室门窗。

第五节　打桩机的管理

一、打桩机简介

打桩机由桩锤、桩架及附属设备等组成。桩锤依附在桩架前部两根平行的竖直导杆（俗称龙门）之间，用提升吊钩吊升。桩架为一钢结构塔架，在其后部设有卷扬机，用以起吊桩和桩锤。桩架前面有两根导杆组成的导向架，用以控制打桩方向，使桩按照设计方位准确贯入地层。打桩机的基本技术参数是冲击部分重量、冲击动能和冲击频率。桩锤按运动的动力来源可分为落锤、汽锤、柴油锤、液压锤等。

二、打桩机的分类

(一) 落锤打桩机

落锤打桩机的桩锤是一个钢质重块,由卷扬机用吊钩提升,脱钩后沿导向架自由下落而打桩。

(二) 汽锤打桩机

汽锤打桩机的桩锤由锤头和锤座组成,以蒸汽或压缩空气为动力,有单动汽锤和双动汽锤两种。单动汽锤以柱塞或汽缸作为锤头,蒸汽驱动锤头上升,而后任其沿锤座的导杆下落而打桩。双动汽锤一般是由加重的柱塞作为锤头,以汽缸作为锤座,蒸汽驱动锤头上升,再驱动锤头向下冲击打桩。双动汽锤上下往复的速度快,频率高,使桩贯入地层时发生振动,可以减少摩擦阻力,打桩效果好。汽锤的进排气旋阀的换向可由人工控制,也可由装在锤头一侧并随锤头升降的凸缘操纵杆自动控制,两种方式都可以调节汽锤的冲击行程。

(三) 柴油锤打桩机

柴油锤打桩机的主体也是由汽缸和柱塞组成,其工作原理和单缸二冲程柴油机相似,利用喷入汽缸燃烧室内的雾化柴油受高压高温后燃爆所产生的强大压力驱动锤头工作。柴油锤按其构造形式分导杆式和筒式。

导杆式柴油锤打桩机以柱塞为锤座压在桩帽上,以汽缸为锤头沿两根导杆升降。打桩时,先将桩吊到桩架龙门中就位,再将柴油锤搁在桩顶,降下吊钩将汽缸吊起,又脱开吊钩让汽缸下落套入柱塞,将封闭在汽缸内的空气进行压缩,汽缸继续下落,直到缸体外的压销推压锤座上燃油泵的摇杆时,燃油泵就将油雾喷入缸内,油雾遇到燃点以上的高温气体,当即发生燃爆,爆发力向下冲击使桩下沉,向上顶推,使汽缸回升,待汽缸重新沿导杆坠落时,又开始第二次冲击循环。

筒式柴油锤打桩机以汽缸作为锤座,并直接用加长了的缸筒内壁导向,省去了两根导杆,柱塞是锤头,可在汽缸中上下运动。打桩时,将锤座下部的桩帽压在桩顶上,用吊钩提升柱塞,然后脱钩往下冲击,压缩封闭在汽缸中的空气,并进行喷油、爆发、冲击、换气等工作过程。柴油锤的工作是靠压燃柴油来启动的,因此必须保证汽缸内的封闭气体达到一定的压缩比,有时在软土地层上打桩时,往往由于反作用力过小,压缩量不够而无法引燃起爆,就需要用吊钩多次吊起锤头脱钩冲击,才能起动。柴油锤的锤座上附有燃油喷射泵、油箱、冷却水箱及桩帽。柱塞和缸筒之间的活动间隙用弹性柱塞环密封。

(四)液压锤打桩机

液压锤打桩机是柴油带启动,以油液压力为动力,可按地层土质不同调整液压,以达到适当的冲击力进行打桩,是一种新型打桩机。液压锤打桩机是中小型打桩机,常用于公路护栏的打桩,高速公路护栏建设。同类打桩设备有液压打桩机、公路打桩机、护栏打桩机、公路钻孔机。液压锤打桩机的能量传递效率能够达到70%～95%,而柴油锤打桩机的能量传递效率仅为20%～30%;液压锤打桩机打桩控量精确,能实现不同地层的打桩作业;液压锤打桩机在减少噪声方面有出色表现,适合在城市中施工;液压锤打桩机节能减排效果明显,是未来打桩机发展的主流

(五)螺旋打桩机

螺旋打桩机是一种通过动力头带动钻杆钻头向地下钻机成孔的打桩设备。螺旋打桩机可以分为两个部分:桩架和钻进部分。

三、打桩机的操作规程

（1）打桩机操作人员，必须熟悉本机械的构造、性能、操作要领及安全注意事项，经考试合格并取得合格证后，方可单独操作。

（2）操作人员在操作时，必须精力集中。不得与无关人员说、笑、打、闹，操作中严禁吸烟、饮食。

（3）严格遵守打桩机保养的有关规定，认真做好各级保养，确保打桩机始终处于良好状态，并要注意合理使用，正确操作。

（4）打桩机在工作前，应做好以下各项准备工作：①向施工人员了解施工条件和任务及施工中发现的问题与应注意的事项；②根据施工人员的要求，调整打桩机变速齿轮的位置；③检查电缆、导线的绝缘是否良好，检查控制器触点是否良好，界限是否正确；④检查电源的电压是否符合要求；⑤按日常保养项目对各部进行润滑、保养。

（5）打桩机在工作中的安全注意事项如下：

①打桩机工作时，要有专人指挥，指挥人员与操作人员在工作前要相互核对信号，工作中应密切配合。

②开始时，应用电铃或其他方式发出信号，通知周围人员离开。

③打桩机与桩帽、桩帽与管柱（或桩）平面要垫平，联结螺栓应拧紧，并应经常检查是否有松动。

④打桩机的启动应由低速挡逐挡加到高速挡。

⑤打桩机在工作中，操作人员应密切注视控制盘上电流、电压的指示情况，如果发现异响或其他异常情况，应立即停机检查。

⑥经常检查轴承温度及轴承盖螺钉是否有松动现象，要严格检查偏心铁块联结螺钉有无松动，防止发生事故。

⑦下沉时，管柱（或桩）周围严禁站人。

⑧打桩机配合射水、吸泥下沉时，应与有关人员预先联系，并在工作中互

相关照。

⑨接长管柱或桩及安装桩帽时，工作人员必须佩戴安全带。

⑩下沉过程中，严禁进行机械的保养、维护工作。

（6）打桩机停止工作后，应立即切断电源，并对打桩机和电动机进行检查、保养。

（7）打桩机长期停用，应入库保管，电动机要做好防潮保护，控制盘上的仪表应拆下装箱保管。

四、打桩机安全操作注意事项

工地上经常能够见到打桩机，对于这样的大型设备，在进行操作的时候都会有很多的要求，不仅仅是为了保证设备的正常使用，同时也是为了保证操作人员的安全。打桩机在安全操作方面的一些注意事项如下：

（1）打桩机所配置的动力装置、卷扬机、液压装置和电气装置等均应按其使用说明书进行操作。

（2）操作人员应经过专门培训，熟悉打桩机的性能、构造、使用和维护保养方法，持有操作证后方可操作。

（3）作业前，应对工作现场的周围环境、建筑物和地质条件等情况进行全面了解。

（4）打桩机的组装、试车、拆卸均应按使用说明书中规定的程序进行。

（5）遇 6 级以上大风或大雨、大雪、大雾等恶劣天气时，应停止作业。当风力大于 7 级时，应将打桩机迎风向停置，放下柴油锤，并增设防风缆绳，必要时应将桩架放倒。打桩机应有防雷措施，遇雷电时人员应远离打桩机。

（6）钢丝绳应选用与钢丝绳直径相应的楔形接头、压板、绳夹、压制接头或编插等固定。钢丝绳采用编插固接时，编插部分的长度不应小于钢丝绳直径的 20 倍，并不应小于 300 mm，其编插部分应用细钢丝捆扎。当采用绳夹固接时，绳夹数量不应少于 3 个，绳夹数量与钢丝绳直径有关；绳夹之间的距离不应小于钢丝绳直径的 6 倍，绳头距最后一个绳夹的距离不小于 140 mm，并用细钢丝捆扎；绳夹夹座应放在钢丝绳工作时受力的一侧，U 形螺栓扣在钢丝绳的尾端，不应正反交错设置绳夹，待钢丝绳受力后再度紧固。

（7）安装柴油锤时，应将柴油锤运到桩架立柱导向正前方 2 m 以内。

（8）高空作业时，操作人员应系安全带。

（9）打桩机运转时，在已升起的柴油锤下方，任何人不准进入。

第六节　螺旋钻孔机的管理

一、螺旋钻孔机简介

螺旋钻孔机，钻的下部有切削刀，切下来的土沿钻杆上的螺旋叶片上升并从地面排出，可以实现连续地切土和取土，成孔速度快；钻孔直径范围为 150～2000 mm，一次钻孔深度为 15～20 m。螺旋钻孔机在我国北方使用较多。

二、螺旋钻孔机的分类

螺旋钻孔机可分为长螺旋钻孔机、短螺旋钻孔机、双螺旋钻孔机三种。由于双螺旋钻孔机多用于冻土地带，因此笔者下面重点介绍长螺旋钻孔机和短螺旋钻孔机两种。

（一）长螺旋钻孔机

长螺旋钻孔机整体构造不复杂，成孔效率高，在灌注桩的成孔中应用较多。长螺旋钻孔机按钻杆结构的不同，可分为整体式和装配式两种；按其行走机构的不同，可分为履带式和汽车式两种。长螺旋钻孔机常用多功能桩架和起重式桩架。在建筑工地上，常用履带式桩架与长螺旋钻具配套，组成履带式长螺旋钻机，使用较为方便。

长螺旋钻孔机由电动机、减速器、钻杆和钻头等组成，整套钻孔机通过滑车组悬挂在桩架上，钻孔机的升降、就位由桩架控制。钻具上的电动机适合于在满载的情况下运转，同时具有较好的过载保护装置。减速器大都采用立式行星减速器。为保证钻杆钻进时的稳定性和初钻时的准确性，可在钻杆长度的1/2处安装中间稳杆器，可用钢丝绳将中间稳杆器悬挂在钻孔器的动力头上，使其随动力头沿桩架立柱上下移动；可在钻杆下部装导向圈，将导向圈固定在桩架立柱上。钻杆是一根焊有螺旋叶片的钢管，长螺杆的钻杆多分段制作。一般情况下，多用中空型钻杆，在钻孔机中有上下贯通的垂直孔，可以在钻孔完成后经孔直接从上面浇灌混凝土，一边浇灌一边缓慢提升钻杆，这样有利于孔壁稳定，减少孔的坍塌，提高灌注桩的质量。钻孔时，孔底的土沿着钻杆的螺旋叶片上升，然后把土卸于钻杆周围的土地上，或是通过出料斗卸在翻斗车等运输工具中运走。一般情况下，长螺旋钻孔机钻孔的孔径不大于1 m。为适应不同地层的钻孔需要，长螺旋钻孔机往往配备各种不同的钻头，可适用于地下水位较低的黏土及砂土层施工。长螺旋钻孔机多用液压马达驱动，其自重轻，调速很方便。

（二）短螺旋钻孔机

短螺旋钻孔机的切土原理与长螺旋钻孔机相同，但排土方法不一样。短螺旋钻孔机向下切削一段距离后，切削下的土壤堆积在螺旋叶片上，由桩架卷扬机与短螺旋连接的钻杆，连同螺旋叶片上的土壤一起提升。钻头超过地面时，整个桩架平台旋转一个角度，短螺旋钻孔机反向旋转，将螺旋叶片上的碎土甩到地面上。故短螺旋钻孔机钻孔的直径可达 2 m，甚至更大。如果用伸缩钻杆与短螺旋连接，短螺旋钻孔机钻孔深度可达 78 m。

无论是钻孔直径与钻孔深度，短螺旋钻孔机都比长螺旋钻孔机大，因此适用范围很广。短螺旋钻孔机钻头直径与桩孔孔径一致，钻头一般设计成双头螺纹形，以提高效率。此外，短螺旋钻孔机有两种转速，一是转速较低的钻孔转速，二是转速高的甩土转速。对于不同类别的土层，可选用不同形式的钻头。伸缩钻杆有 2~5 节，每节钻杆之间用键连接，钻杆既可伸缩，还可传递扭矩，以保证钻头钻进的动力需要。

三、螺旋钻孔机操作注意事项

螺旋钻孔机操作注意事项主要有以下几点：

（1）使用钻机的现场，应按钻机说明书的要求清除孔位及周围的石块等障碍物。

（2）作业场地距电源变压器或供电主干线距离应在 200 m 以内。启动时电压下降不得超过额定电压的 10%。

（3）电动机和控制箱应有良好的接地装置。

（4）安装前，应检查并确认钻杆及各部件无变形；安装后，钻杆与动力头的中心线允许偏斜为全长的 1%。

（5）安装钻杆时，应从动力头开始，逐节往下安装。不得将所需钻杆长度在地面上全部接好后再起吊安装。

（6）动力头安装前，应先拆下滑轮组，将钢丝绳穿绕好。钢丝绳的选用，应按说明书规定的要求配备。

（7）安装后，电源的频率与控制箱内频率转换开关上的指针应相同；不同时，应采用频率转换开关予以转换。

（8）钻机应放置平稳、坚实，汽车式钻孔机应架好支腿，将轮胎支起，并应用自动微调或线锤调整挺杆，使之保持垂直。

（9）起动前应检查并确认钻机各部件连接是否牢固，传动带的松紧度是否适当，减速器内油位是否符合规定，钻深限位报警装置是否有效。

（10）起动前，应将操纵杆放在空挡位置。起动后，应做空运转试验，检查仪表、温度、音响、制动等各项工作是否正常，方可作业。

（11）施钻时，应先将钻杆缓慢放下，使钻头对准孔位，当电流表指针偏向无负荷状态时即可下钻。在钻孔过程中，当电流表超过额定电流时，应放慢下钻速度。

（12）钻机发出下钻限位报警信号时，应停钻，并将钻杆稍稍提升，待解除报警信号后，方可继续下钻。钻孔中卡钻时，应立即切断电源，停止下钻；未查明原因前，不得强行起动；当需改变钻杆回转方向时，应待钻杆完全停转后再进行。

（13）钻孔时，当机架出现摇晃、移动、偏斜或钻头内发出有节奏的响声时，应立即停钻，经处理后，方可继续施钻。

（14）扩孔达到要求孔径时，应停止扩削，并拢扩孔刀管，稍松数圈，使管内存土全部输送到地面，即可停钻。

（15）作业中停电时，应将各控制器放置零位。切断电源，并及时将钻杆全部从孔内拔出，使钻头接触地面。

（16）钻机运转时，应防止电缆线被缠入钻杆中，必须有专人看护。

（17）钻孔时，严禁用手清除螺旋片上的泥土；发现紧固螺栓松动时，应立即停机，在紧固后方可继续作业。

（18）成孔后，应将孔口加盖保护。

（19）作业后，应将钻杆及钻头全部提升至孔外，先清除钻杆和螺旋叶片上的泥土，再将钻头按下接触地面，各部制动住，操纵杆放到空挡位置，切断电源。

（20）当钻头磨损量达 20 mm 时，应予以更换。

第七节 钻机的管理

一、钻机的定义

钻机，又称钻探机，是一套复杂的机器，它由机器、机组和机构组成。钻机是在勘探或矿产资源（含固体矿、液体矿、气体矿等）开发中，带动钻具向地下钻进，获取实物地质资料的机械设备。钻机的主要作用是带动钻具破碎孔底岩石、下入或提出孔内物质的钻具。钻机可用于钻取岩心、矿心、岩屑、气态样、液态样等，以探明地下地质和矿产资源等的情况。

二、钻机的构成

钻机主要由起升系统、旋转系统、循环系统、动力系统等构成。

（一）起升系统

起升系统由井架、绞车、游动系统、钢丝绳、天车、游车、大钩等组成。起升系统的作用是起下钻具、下套管、控制钻头与钻具等。

（二）旋转系统

旋转系统由转盘、方钻杆、钻柱水龙头、顶部驱动系统、井下动力钻具等组成。旋转系统的作用是带动钻具、钻头等旋转破碎岩石、上卸钻具丝扣、特殊作业（如连接起升系统和泥浆循环系统）。

(三)循环系统

循环系统由振动筛、除砂器、除泥器等组成。循环系统的作用是循环泥浆液。

(四)动力系统

动力系统由电机和柴油机等组成。动力系统的作用是驱动绞车、转盘、钻井泵等工作机构运转。

(五)传动系统

传动系统由减速器、离合器、轴、链条等组成。传动系统的主要任务是把发动机的能量传递和分配给各工作机构。由于发动机的特性与工作机构要求的特性有差距,因此传动系统往往包括减速、并车、倒转、变速等装置。有时在机械传动的基础上,还要有液力传动或电传动装置等。

(六)控制系统

控制系统由计算机、传感器、信号传输介质、控制执行机构等组成。控制系统的作用是操纵各系统协调工作。根据钻井工艺的要求,应使每个工作机构操作时反应迅速,动作准确可靠,便于集中控制和自动记录等;使操作者能够按自己的意愿保证钻机各部件的安全或正常工作。

(七)底座

钻机底座主要由钻台底座、机泵底座和双主要辅助设备底座等组成,一般采用钢成管材焊接而成。钻机底座的作用是便于安装固定钻机的各种设备,满足搬迁或施工的要求。

（八）辅助设备

现代化的钻机还必须有一套辅助设备，如供电设备、供气设备、供水设备、供油设备、防火设施，以及钻井液的配制、储存、处理设施，各种仪器和自动记录仪表等。在边远地方钻井还要有工作人员生活、休息设施，为了通信联络还需要有电话、电台、对讲机等通信设备。此外，如果在寒冷地区钻井，还要有供暖、保温等设备。

三、钻机的安全操作规程

（1）钻孔工作地点应保持干净、整洁。

（2）钻机在安装及拆卸时，要保证正确和完整无缺。

（3）钻机的桅杆升降时，操作人员应站在安全的位置上进行操作。

（4）开动电动机时，应打开钻机所有的摩擦离合器。

（5）当钻机工作时，严禁去掉防护罩。

（6）工作开始前，应该检查制动装置的可靠性，以及摩擦离合器和起动装置的工作性能。

（7）电动机未停止前，禁止检查钻机。

（8）钻机工作时，严禁紧固钻机任何零件。

（9）当钻机运转时，严禁加油，桅杆上部滑轮润滑应在钻机停止时进行。

（10）电动机未停止前，不允许在桅杆上工作。

（11）无论什么情况下，当桅杆上段有人工作时，桅杆下不许人员停留。

（12）遇恶劣天气时（如暴雨、大雪），任何人不允许在桅杆上工作。同时，也不允许利用人工照明在桅杆上工作。

（13）严禁使用裂股的钢丝绳。

（14）钻具升降时，严禁用手摸钢丝绳。

（15）除钻机升降、下钻管等外，井口严禁敞开。

（16）为了防止钻具或抽筒从井内取出井外时的甩动，必须使用由直径为15～20 mm 的钢棒制成的钩子钩住。

（17）在清洗抽筒时，应利用坚固可靠的钢丝绳结成环，套在抽筒下端，将其翻倒。

（18）用滑车提升或下降套管时，以及机器在打捞工作时，所有工人都必须离开钻井。

（19）在用起重器拔出套管时，为避免套管脱落，必须固定在一起。

（20）在照明条件不良的情况下，钻孔工作应该停止。这时钻具仍在井内时，就应该小心地把钻具从井内取出。

四、钻机的日常保养

（一）钻机定期检查的项目

第一，对钻机主要结构状况、结构连接件螺栓、结构件连接销轴、各结构件焊缝、吊篮结构及安全防护状况进行检查，特别是进场使用之前，应请有资质的单位对其安全性能进行检测，合格后方可使用。

第二，定期对各种动力头、工作油缸、钻头、钻杆状况进行检查。

第三，定期对卷扬机的卷筒、防钢丝绳脱落装置及两侧边缘高度、卷筒壁状况、钢丝绳尾部在卷筒上的周数进行检查，特别是制动口的状况，应作为重点，随时进行检查。

第四，要定期对电气系统进行检查，主要检查专用电箱设置、短路保护和漏电保护装置、紧急断电开关的设置、电箱减震装置、工作装置上电缆的固定、照明线路的设置等项目。

（二）钻机应随时检查的项目

1.对钢丝绳绳端固结情况进行检查

检查的主要内容包括钢丝绳安全圈数，钢丝绳的选用、安装、润滑，钢丝绳的缺陷等。

2.随时对钻机的滑轮系统进行检查

检查的主要内容包括滑轮体状况、过渡滑轮防跳绳装置。

3.随时对钻机的行走系统进行检查

检查的主要内容包括桩机走管、卡板及钩管系统状况、枕木铺设等。

此外，还应做好钻机维修保养记录，对更换的零配件应有详细记录，以保证零配件在有效期内使用，便于随时掌握下次更换的时间。若检查出钻机有故障，应立即停止作业，在故障未排除之前不得开始作业。

第八节　旋挖钻机的管理

一、旋挖钻机简介

随着交通建设迅速发展，钻孔灌注桩在铁路、桥梁及城市地铁基础建设工程中的运用越来越多。旋挖钻机施工工艺是我国近些年才发展起来的一种较先进的桩基施工工艺。旋挖钻机采用动力头装置，具有轴向压力及扭矩大的特点，并具有功率大、钻孔速度快、移位方便、定位准确、垂直度高、质优高效、环保等优点，适用于工期紧、场地小的工程项目。旋挖钻机也是大口径桩基施工中较为理想、高效的成孔设备。

二、旋挖钻机施工

根据工程所处位置的地质情况、施工工期、施工场地、桩长桩径等因素，应选用不同规格的旋挖钻机进行施工作业。

（一）施工准备

首先，要做好施工图纸、地质报告、地下管网的会审工作，然后测量放样，平整施工场地，让机械设备、材料等进场。此外，还要组织技术人员对施工现场进行深入的调查研究，收集与施工相关的资料，采用合理的施工组织方法，使桩基施工工序保持连续，人员和机械搭配合理有序。

施工所需的设备主要有旋挖钻机（配备泥浆泵）2台，25～75 t汽车吊2～3台，斗容量在1.5 m^{3}以上的挖掘机1台，50装载机2台等。

（二）施工工艺

1.桩位确定、护筒埋设

施工场地的平整处理，应保证旋挖钻机作业场地平整、夯实，避免在钻进过程中沉陷。桩位确定后，利用十字线放出4个控制桩位，并以4个控制桩为基准进行埋设护筒和钻孔时的桩位校准。

对于护筒埋设，护筒由厚度8～10 mm的钢板制成，护筒直径比桩基孔径大200～250 mm，每节护筒长2～3.0 m（根据地质情况选择护筒的长度），护筒高出地面20 cm左右，以防止杂物、泥水流入孔内。在埋设护筒时，首先由旋挖钻机在桩位钻孔，深度大于护筒1 m左右。然后，用钻头本身自带的扩孔器，根据护筒直径的大小进行扩孔，扩到护筒长度3/4即可停止。接着，用旋挖钻机的副卷扬吊起护筒，垂直吊放到扩好的孔内，校准桩位，再由钻头对护筒进行下压至规定高度。这一过程中，要有专门人员进行辅助配合。

2.泥浆坑开挖，泥浆制作及指标

根据桩的位置及体积确定泥浆坑的位置及大小，以使一坑能用多桩，然后做好防塌、防渗及安全防护处理，再根据不同的地质选定不同基质的膨润土，按施工泥浆比重的要求掺入相应剂量的火碱和纤维素进行造浆。泥浆是保证孔壁稳定的重要因素，在钻机施工中，起到防止孔壁坍塌、抑制地下水等作用。由于地基岩土中又夹有粉砂土层、亚砂层，因此调制出各项性能指标良好的泥浆尤为重要。

3.钻孔施工

旋挖钻机就位后，首先调整桅杆垂直度，钻头下面中心对准4个控制桩所引十字线的交叉点，进行桩位校准，然后放下钻杆，往护筒内注入调制好的泥浆，然后进行钻孔施工，钻头进行正时针旋转，斗齿开始削土。当钻头遇到比较硬的地质时，可使用钻机的动力头对钻杆进行加压，使旋转钻斗对土层产生压力，将土削入钻斗内。当仪表显示筒满时，钻杆反转使钻斗底门关闭，提升钻斗将钻渣卸于堆放地点。

提升和降落钻杆时一定要速度均匀、缓慢，不能使泥浆产生太大的冲击力撞击孔壁。同时钻机施工过程中要保证泥浆液面始终高于护筒底部，保证水压正常，这样才能保证孔壁的稳定性。此外，应反复循环钻斗的旋转、削土、提升、卸土和泥浆撑护孔壁等程序，直至成孔。

三、旋挖钻机的安全管理

旋挖钻机是一种现代化的桩基施工机械，施工环境往往比较恶劣，场地狭小，再加上钻机本身重量大，重心高，施工时地下情况往往很难预料，并且旋挖钻机在施工中伴有起重作业，所以在施工过程中，旋挖钻机的安全管理显得尤为重要。

（一）行走的便道和施工平台的安全管理

钻机行走的便道和施工平台的要求很高，操作人员如果不慎，违反操作规程，极易导致旋挖钻机下陷、倾翻等事故的发生。钻机行走之前，必须检查路面压实情况，禁止在左右两边和前后地基虚实不一的情况下行走，并应与沟渠、基坑保持安全距离。钻机严禁在倾角超过15°的斜坡上行驶。如钻机在斜坡上行驶，必须调整桅杆角度使其垂直于斜坡，禁止钻机在斜坡上侧向行驶。当场地未能满足要求时，应铺设厚钢板，保证钻机安全。钻机行驶时要慢行，相关人员要密切留意钻机垂直度的变化，一旦发生倾斜，要立即调整钻机，用钻具往钻机倾斜的方向顶压，保持钻机的平衡。

（二）施工期间的安全管理

操作手要严格控制钻头的钻进、提升速度，避免钻头进尺较大，造成缩径和埋钻事故。一般情况下，钻头升降速度应保持在0.75～0.8 m/s。当钻头在粉砂层或亚砂土层时，其升降速度应适当缓慢。由于旋挖钻机本身护壁能力很差，进尺过大，会对钻筒与孔壁之间的护壁效果造成不良影响，从而使提升钻头的阻力增大；如果过快，会使其下部产生较大的负压力，从而产生吸钻现象，造成孔壁缩径，如果缩径严重会使钢筋笼无法下放，甚至发生塌孔的现象。

旋挖钻孔桩是由多台机械相互交叉、共同作业的施工，所以作业时要有专人指挥，各操作人员要步调一致，相互配合，且应特别注意以下几点：

（1）开工前必须详细了解施工现场的地质状况及地下管网、地下构建筑物的埋设、地上建筑及线网架设情况，确认是否符合施工要求，严禁冒险施工。

（2）作业前检查各传动机构是否正常，主要部位连接螺栓有无松动，仔细检查桅杆上的部件，特别是钢丝绳的磨损情况应符合规定，保证不会有部件或工具落下伤人。

（3）拆卸、安装、更换钻具时，要有专人指挥。

（4）起动钻机开始作业时，要检查旋转半径范围内是否有人或障碍物。

对于旋挖钻机的钢丝绳、牵引器、滑轮、钻头销子等相关构件，要做到一日一查、定期保养。首先，在购买时就要选择质量过关的，如钢丝绳要选防旋转的。其次，要定期检查，如钢丝绳有无破丝、断股、乱绳等现象，牵引器有无卡滞，连接钻杆和钻头的销子有无裂纹、弯曲等现象。如果发现问题，要及时维修、更换，杜绝孔内坠落等安全事故的发生。最后，还要定期用高压油枪往牵引器里打压锂基脂，以起到密封作用，防止发卡搅断钢丝绳。

在旋挖钻机施工中，还要预防机器伤害、高处坠落、泥浆淹溺、燃油爆炸、桩基坍塌、钻机下陷倾覆等事故的发生。

在旋挖钻机施工中，要全面落实"安全第一，预防为主"的方针，建立健全各项管理制度及各类安全生产事故的应急预案，建立严格的管理责任制和岗位责任制，执行"两定"（定人、定设备）、"三包"（包使用、包养修、包保管）、"四会"（会使用、会保养、会检查、会排除故障）制度。要配备固定操作人员和负责司机，建立严格的检查保养制度，现场所有机械管理人员、机械操作人员、维修人员等必须经过正规培训，持证上岗，严禁无证人员管理和操作机械。要坚持"养修并重，预防为主"的原则，坚决杜绝"拖修欠保，以修代保，只修不保"和"重用轻管、只用不管"的短期化行为，达到设备维护"四项要求"：整齐、清洁、润滑、安全。发现隐患应及时维修检查，杜绝钻机带病运行。

第五章　高速铁路其他施工常用机械设备及管理

第一节　强夯机的管理

一、强夯机简介

强夯机是一种在建筑工程中对松土进行压实处理的机器。强夯机被广泛应用于建设工程、填海工程等中。

强夯机的工作原理主要是利用强夯置换法来对土层进行加固夯实。通过提升重锤产生重力势能，然后通过落下转化为动能，将强力材料冲入地基，可以让地基更加牢固。有些工程中土层较软，就需要强夯机进行夯实，这样就能够有效提高承载能力，保证后续工程的基础稳固。强夯机在施工时利用强夯锤实现对地基的施压，强夯锤有不同重量，底面的形状也不同，这样可以更好地适应不同性质的土层。强夯机一般通过起重机的配合来对强夯锤起落进行控制，而且强夯机都会设置自动脱钩装置，以更好地保证施工安全。

二、强夯机的分类

强夯机的种类有很多,有蛙式、震动式、跃步式、打夯式,以及吊重锤击式,根据工程需要,可运用不同类型的强夯机。

现在市场上的强夯机可以根据其作业原理分为三类,一是液压式,二是机械式,三是机液一体化。这三类强夯机各有优缺点,具体如下:

(一)液压强夯机

液压强夯机的各种动作全都是通过液压来控制的。液压强夯机的优点是机型相对小,重量轻;缺点在于其在使用过程中有较高的故障率,而且维修难度相对较大。

(二)机械式强夯机

机械式强夯机的各种动作全部由各种机器关节活动来控制。机械式强夯机的优点是功用安稳;缺点就是相较于液压强夯机大且重,安全性差。

(三)机液一体强夯机

机液一体强夯机是指除卷扬以外的其他动作全部通过液压来控制,卷扬通过机械来控制。机液一体强夯机集合了液压强夯机和机械式强夯机的优点,有效弥补了缺点,但其价格较前两者更高。

三、强夯机的安全操作规程

（1）担任强夯作业的主机，应按照强夯等级的要求经过计算选用。用履带式起重机作主机的，应执行履带式起重机的有关规定。

（2）强夯机的作业场地应平整，门架底座与夯机着地部位应保持水平，当下沉超过 100 mm 时，应重新垫高。

（3）强夯机械的门架、横梁、脱钩器等主要结构和部件的材料及制作质量，应经过严格检查，对不符合设计要求的，不得使用。

（4）强夯机在工作状态时，起重臂仰角应是 70°。

（5）梯形门架支腿不得前后错位，门架支腿在未支稳垫实前，不得提锤。

（6）变换夯位后，应重新检查门架支腿，确认稳固可靠，然后再将锤提升 100~300 mm，检查整机的稳定性，确认可靠后，方可作业。

（7）夯锤下落后，在吊钩尚未降至夯锤吊环附近前，操作人员不得提前下坑挂钩。从坑中提锤时，严禁挂钩人员站在锤上随锤提升。

（8）当夯锤留有相应的通气孔时，应随时清理，以防在作业中出现堵塞，但严禁在锤下进行清理。

（9）当夯坑内有积水或因黏土产生的锤底吸附力增大时，应采取措施排除，不得强行提锤。

（10）转移夯点时，夯锤应由辅机协助转移。门架随强夯机移动前，支腿离地面高度不得超过 500 mm。

（11）作业后，应将夯锤下降，置于地面上。在非作业时严禁将锤悬挂在空中。

第二节　混凝土湿喷机的管理

一、混凝土湿喷机简介

喷射混凝土一般使用干喷或湿喷工艺。若使用干喷工艺，工作强度大，粉尘浓度较高，作业环境差，施工质量亦不能得到很好的保证。

而采用湿喷工艺，可以有效地克服以上几个缺点，还可以使喷射的混凝土强度高，回弹量少，同时节约了材料且减少了粉尘污染，使作业环境得到改善。

混凝土湿喷机是湿喷混凝土作业的主要设备，广泛应用于铁路和公路隧道、城市地铁、水利涵洞、道路边坡、建筑基坑以及地下工程等的施工中。

混凝土湿喷机施工效率高，有小型湿喷机、车载式湿喷机，也有适用于大型工程的混凝土湿喷台车等。随着施工技术的发展，混凝土湿喷机已成为混凝土喷射的主流设备。

二、混凝土湿喷机的安全操作规程

（一）作业前的准备

（1）相关人员须仔细阅读混凝土湿喷机使用说明书并接受培训，掌握设备的操作、保养、维修要点。经培训合格后，相关人员方可进行相关操作。

（2）检查电控系统的线路连接是否可靠，机体是否可靠接地，有无漏电现象等。

（3）确定给水开关阀、清洗水开关阀在关断位置，将给水管接头与水源连接。

（4）检查主机变速箱及计量泵传动箱内润滑油是否充足。

（5）确定风动输送系统上风路手动截止阀、各分风路手动截止阀在关断位置，主风管接通压力风源。

（6）将混凝土输送管和速凝剂输送管分别与喷头及机体连接。

（7）确定计量泵流量，调定电机转向，并使其符合相关要求。

（8）调整压紧装置，检查上、下密封板结合面处有无气体泄漏。

（9）检查速凝剂输送系统，确定速凝剂输送管路无堵塞现象。

（10）确认电器系统工作正常。

（11）确认操纵系统灵活可靠。

（12）将各操纵杆、主传动开关置于关闭位置，液压系统各调节阀门调到零位，各电器开关处于断开位置，液压传动系统处于不供油状态。

（13）确定速凝剂供给开关阀在关断位置，向速凝剂箱内加满液态速凝剂。

（二）作业中的要求

（1）启动前，应先接通风、水、电，开启进气阀逐步达到额定压力，再启动电动机空载运转，确认一切正常后，方可投料作业。

（2）在喷嘴的前方或左右 5 m 范围内不得站人或通行，不准喷向高低压电线，工作停歇时，喷嘴不准对着有人的方向。

（3）机械操作和喷射操作人员应有联系信号，送风、加料、停料、停风以及发生堵塞时，应及时联系，密切配合。

（4）在喷嘴前方严禁站人，操作人员应始终站在已喷射过的混凝土支护面以内。

（5）作业中，必须检查气压表、安全阀等是否正常，当暂停时间超过 1 h 时，应将仓内及输料管内的干混合料全部喷出。

（6）发生堵管时，应先停止喂料，对堵塞部位进行敲击，使物料松散，然后用压缩空气吹通。此时，操作人员应紧握喷嘴，严禁甩动管道，以免伤人。

当管道中有压力时，不得拆卸管接头。

（7）转移作业面时，供风、供水系统应随之移动，输料软管不得随地拖拉和折弯。

（8）停机时，应先停止加料，然后再关闭电动机和停送压缩空气。

（三）作业后的要求

（1）喷射结束后，把水加入料斗中，用清水把喷浆管清洗干净，然后再用计量泵抽清水把计量泵管路清洗干净。

（2）翻开压板和料斗，彻底冲洗转子料腔内的混凝土，把气料混合仓和变径管、料斗冲洗干净，然后把压板复位。翻开压板和料斗时必须注意安全，缓慢打开和复位。

（3）用水彻底把设备表面的混凝土冲洗干净，注意保持泄浆孔畅通，冲洗时注意不要把水冲到电控柜内。

（4）防止电气零件受潮，不得用高压水枪喷射显示屏、遥控器、电器插头等，也不得用高压水枪直接喷射冷却器散热片。

（5）运行后移动车辆时，车辆前后支腿必须完全收回，且机械手滑臂和大臂收回。

（6）喷射机停放在公共道路附近时，须在周围设置明显的安全标志，夜间设灯光信号并设专人守护。

（7）施工全部结束后，应对喷射机进行必要的保养和修理。

（四）安全环保要求

（1）施工过程中严格按照施工环保要求施工，避免不必要的环境污染。

（2）在进行保养及维修时，对废油、废水等应回收后集中处理，避免对环境造成污染。

第三节　混凝土泵车的管理

一、混凝土泵车简介

混凝土泵车是利用压力将混凝土沿管道连续输送的机械,由泵体、输送管、布料杆和汽车底盘等组成。按结构形式,混凝土泵车可分为活塞式、挤压式、水压隔膜式。

二、混凝土泵车的构成及工作原理

混凝土泵车由臂架、泵送、液压、支撑、电控等五部分构成。混凝土泵车是在载重汽车底盘上进行改造而成的,它是在底盘上安装有运动和动力传动装置、泵送和搅拌装置、布料装置以及其他辅助装置。混凝土泵车通过动力分动箱将发动机的动力传送给液压泵组或者后桥,液压泵推动活塞带动混凝土泵工作,然后利用混凝土泵车上的布料杆和输送管,将混凝土输送到一定的高度和距离。

三、混凝土泵车的操控

按电气控制系统的控制方式,混凝土泵车可分为机械式、液压式、机电式电器控制式、可编程控制器式、逻辑电路控制式。混凝土泵车上除了安装电气控制系统,还安装有手动控制操纵系统。如果采用机械操纵,一般有杆系操纵机构和软轴操纵机构两种方式。如果将两者进行对比,不难发现,软轴操纵机构有更大的优越性,如布置灵活、传动效率高、过渡接头少且空行程小、行程调节方便等,所以混凝土泵车的操纵系统主要是选择软轴操纵机构。根据实际需要,在混凝土泵车的操纵系统中应该能够实现无级调速操纵,而能够使操纵杆停止在任何一个位置的锁定机构是实现无级调速操纵的关键装置,一般可以选用碟形弹簧或弹簧板等。为便于操作,操纵手柄都设计安装在较方便的位置。混凝土泵车的操控系统主要是用来控制主液压泵流量和发动机转速,从而改变混凝土泵车的混凝土排出量。如果采用液压操纵,则可直接从混凝土泵车的泵送系统中获取液压驱动力,并通过手动液压阀实现操控。此外,在操作过程中应注意操作规程的细节,及时发现、排除故障,有助于提高输送泵的工作效率。混凝土输送管道的清洗有两种方法,水洗和气洗。不管是水洗还是气洗,都要将阀箱体和料斗清洗干净。水洗时,把用水浸过的扎成圆柱形的水泥袋和清洗球先后装进已清洗干净的锥管中,接上锥管、管道,关闭卸料门,再向料斗注满水,须保持水源不断。然后用泵一直送水,直到清洗球从输送管的前端冒出为止。气洗即压缩空气吹洗,是把浸透水的清洗球先塞进气洗接头,再接与变径管相接的第一根直管,并在管道的末端接上安全盖,安全盖的孔口要朝下。控制压缩空气的压力不超过 0.8 MPa,气阀要缓慢开启,当混凝土能顺利流出时才可开大气阀。

四、混凝土泵车的注意事项

(一)应用安全注意事项

(1)混凝土泵车只能用于混凝土的输送,除此以外的任何用途(比如起吊重物)都是危险的。

(2)混凝土泵车臂架泵送混凝土的高度和距离都是经过严格计算和实验确认的,任何在末端软管后续接管道或将末端软管加长超过 3 m 都是不允许的，由此产生的风险由操作者自己承担。

（3）未经授权禁止对混凝土泵车进行可能影响到安全的修改，包括更改安全压力、运行速度设定，改用大直径输送管或增加输送管壁厚，更改控制程序或线路，更改臂架及支腿等。

（4）混凝土泵车操作人员必须佩戴好安全帽，并遵守安全法规及工地上的安全规程。

（二）支承安全注意事项

（1）支承地面必须是水平的，否则有必要做一个水平支承表面，绝不能支承在斜面上。

（2）混凝土泵车必须支承在坚实的地面上，如果支腿最大压力大于地面承载力，必须用支承板或辅助方木来增大支承面积。

（3）混凝土泵车支承在坑、坡附近时，应保留足够的安全间距。

（4）支承时，须保证整机处于水平状态，整机前后左右水平最大偏角不超过3°。

（5）在展开或收拢支腿时，支腿旋转的范围内都是危险区域，人员不得在该范围内活动。

（6）支承时，所有支腿必须伸缩和展开到规定的位置（支腿与支耳上箭头对齐，前支腿臂与前支腿伸出臂箭头对齐），否则有倾翻的危险。

（7）必须按要求支撑好支腿才能操作臂架，必须将臂架收拢放于臂架主支撑上后才能收支腿。

（8）出现稳定性降低的现象必须立即收拢臂架，排除后重新按要求支承，引起稳定性降低的因素包括雨、雪水或其他水源引起的地面条件变化。

（三）伸展臂架安全注意事项

（1）只有确认混凝土泵车支腿已支承妥当后，才能操作臂架，操作臂架必须按照操作规程里说明的顺序进行。

（2）在雷雨或恶劣天气，不能使用臂架。臂架不能在大于 8 级风力的天气中使用。

（3）操作臂架时，臂架的全部都应在操作者的视野内。

（4）在高压线附近作业时要小心触电，应保证臂架与电线的安全距离。

（5）臂架下方是危险区域，可能有混凝土或其他零件掉落伤人。

（6）末端软管规定的范围内不得站人，混凝土泵车启动泵送时不得引导末端软管，它可能会摆动伤人或喷射出混凝土引起事故。启动泵时的危险区就是末端软管摆动的区域，区域直径是末端软管长度的两倍。末端软管长度最大为 3 m，则危险区域直径为 6 m。

（7）切勿弯折末端软管，末端软管不能末入混凝土中。

（8）如果臂架出现不正常的动作，就要立即按下急停按钮，由专业人员查明原因并排除后方可继续使用。

（四）泵送及维护安全注意事项

（1）混凝土泵车运转时，不可打开料斗筛网、水箱盖板等安全防护设施，不可将手伸进料斗、水箱内，不可用手抓其他运动部件。

（2）泵送时，必须保证料斗内的混凝土在脚板轴的位置上，防止混凝土喷射现象的产生。

（3）堵管时，一定要先反泵释放管道内的压力，然后才能拆卸混凝土输送泵管道。

（4）只有当混凝土泵车在稳定的地面上放置，并确保不会突然移动时，才可进行维护修理工作。

（5）只有臂架被收拢、支撑可靠、发动机关闭并固定了支腿时，才可以进行维护和修理工作。

（6）进行维护前必须先停机，并释放蓄能器压力。

(7)如果没有先固定相应的臂架就打开臂架液压锁,有臂架下坠伤人的危险。

五、混凝土泵车的保养

(1)混凝土泵车保养应按照保养手册中相应的要求和方法。在日常使用时,对使用前、后混凝土泵车相关项目进行检查。

(2)按照使用保养手册中相应的要求和方法,参考润滑表,及时对混凝土泵车各部件进行润滑。

(3)按照使用保养手册中相应的要求和方法,选择指定型号的液压油,定期更换液压系统用油。

(4)按照使用手册中混凝土泵车保养方法和要求,定期检查泵送系统部分的水箱、混凝土缸、混凝土输送管。

(5)按照使用保养手册中相应的要求和方法,定期检查和调整臂架旋转基座固定螺栓的力矩。

(6)按照使用手册中混凝土泵车保养方法,定期检查和调整臂架、旋转基座、支腿、支撑结构、减速器等部件。

(7)按照使用保养手册中相应的要求和方法,定期检查液压系统和元件、电气系统和元件的工作状态。

(8)针对寒冷天气应采用混凝土泵车保养方法。

第四节 履带起重机的管理

一、履带式起重机的操作要点

(1) 发动机启动时，必须将所有操纵手柄放在空挡位置。启动后应检查各仪表示值和发动机运转情况，确认正常后，方可开始工作。

(2) 作业前，应先试运转检查各机构工作是否正常可靠。特别在雨雪后作业，应作起重试吊，确认可靠后方能工作。

(3) 起重机作业范围内不得有影响作业的障碍物。工作时起重臂下方不得有人停留或通过。严禁用起重机载运人员。

(4) 起重机的变幅指示器、力矩限制器和行程开关等安全保护装置，不得随意调整和拆除。严禁用限位装置代替操纵。对无提升限位装置的起重机，起重臂最大仰角不得超过 78°。

(5) 起重机必须按规定的起重性能作业，不得超载和吊升不明重量的物体。严禁用起重钩斜拉、斜吊。

(6) 满载起吊时，起重机必须置于坚实的水平地面上，先将重物吊离地面 20～50 mm，检查并确认起重机的稳定性、制动可靠性后，才能继续起吊。动作要平稳，禁止同时进行两种动作。

(7) 如遇重大物件必须使用双机抬吊时，重物重量不得超过两台起重机所允许起重量总和的 75%。绑扎应注意载荷的平均分配，使每台起重机的载荷不超过该机允许载荷的 80%。在统一指挥、密切配合下，两机的吊钩滑轮组应基本保持垂直状态。

(8) 液压和气压驱动的起重机，应按规定的压力、转速运行，严禁用提高压力、加快转速等手段来满足施工需要。

(9) 采用蜗杆、蜗轮传动的变幅机构，严禁在起重臂未停稳前将牙嵌离合器拨入空挡。

（10）起重机带载行走时，起重机臂应与履带平行，重物应拴拉绳。行走转弯时不应过急，路面崎岖或凹凸不平的地方，不得转弯。

（11）起重机在坡道上无载行驶，上坡时应将起重臂的仰角放小一些，而下坡行驶则应将起重臂的仰角放大一些，以此平衡起重机的重心。严禁下坡时空挡滑行。

（12）如遇大风、大雪、大雨或大雾天气时，应停止起重作业，并将起重臂转至顺风方向。

二、履带式起重机转移运输的注意事项

（1）长距离转移应采用铁路运输，如用凹型平车装运，可整体装车只需拆下作业设备；如用普通平板装运，则须将机棚及工作装置拆开，分装两个车皮，按铁路超限货物运送规则办理。

（2）市内运输可采用相应载重量的平板拖车装运，运输时应将起重臂和配重拆下，并将回转制动器刹住，再将插销锁牢，在履带两端加上垫木并绑扎牢固。为了降低起重机高度，可将起重机上部人字架放下。

（3）短距离采用自行方式转移时，一般不要超过 10 km，每行驶约 1 小时应检查行走机构各部分，并进行润滑，以免过度磨损。

三、履带式起重机的保养要点

设备的维护和保养工作做到位，能够保证履带吊设备的性能，增加设备的使用年限，减少作业中发生事故的可能，从而达到减少延误工作，获得更好经济效益的目的。首先，应当对所使用的机械设备进行全面、深入、细致的了解，

在日常的运行过程中进行定期、不定期检查，明确设备存在的不足之处及设计缺陷，针对存在的问题及缺陷进行详细分析，确定最佳、最合适的维护保养方法。履带式起重机的保养要点主要有以下几点：

（一）履带的保养，底部养护不能忽视

履带链轨的寿命往往取决于履带的张紧程度和调节是否合理，因此要常检查上部履带的下挠度。检查的方法是：先把履带清扫干净，把一木楔放在从动轮后上方，然后开动行走，这样履带就会挤压木楔，履带接地的下端即被张紧，上部松弛的部分就下挠，用直尺测量下挠度，正常挠度一般为 8～15 mm。

履带张紧装置由油缸、张紧横梁和张紧弹簧组成。张紧的方法是：用高压油枪将钙基润滑脂从注油嘴注入油缸，推动活塞，再通过张紧横梁推动从动轮移动实现履带张紧。当需要松弛时，逆时针方向缓慢旋转注油阀使之松开，润滑脂就可以从排油口排出。注意：如果左右两侧履带下垂量不同，履带行走时会跑偏。

（二）注意全车外结构的锈腐情况，体面养护很重要

履带吊整台吊车的骨架是由钢铁构成的，为防止意外事故的发生，应时刻注意全车外结构的锈腐情况。如果发现有掉漆、碰伤等情况，应及时修补。同时要避免具有腐蚀性的液体或者物体的接触，发现接触应该及时去除。平时应做好清洁的工作，发现污泥、水渍等应及时清理。

（三）定期润滑，重点连接口要特殊关照

应经常检查吊车各部位的润滑情况，做好周期润滑工作，按时添加或更换润滑剂。特殊关照部位是：臂架铰接销、履带板连接销、滑轮组轴承、履带托带轮、履带支重轮等活动部位的润滑。

（四）核心发动机的保养

（1）在履带式起重机使用前，应检查发动机机油油量、水位，如果发现缺少，应及时添加。

（2）柴油的油位也应该在着车前检查，避免着车使用后没油导致吸油泵进入空气。

（3）在北方季节转变之前，应该提前更换机油、燃油和冷却液等。冬季时，机油应选用黏度低的机油，燃油应使用冬季柴油，冷却液可根据当地历年的冬季平均气温选用。

（4）当发动机运行达到使用说明书的小时数或者经观察发现机油油液变质后应该更换同等级牌号的机油。

（五）日、月、年分段保养检修

1. 日常保养检修

日常保养检修主要是：

检查发动机机油、水箱的冷却液、液压油、柴油是否缺失。

检查"四轮一带"、各部滑轮、轴承、钢丝绳、臂架、型架、接销等是否磨损，是否能正常运行。

检查操纵装置、安全装置、电气装置、各个仪表、指示灯是否正常。

2. 月度保养检修

月度保养检修主要是：

检查柴油机的机油滤芯（300 h必须更换）、燃油滤芯（300 h必须更换）、油水分离器是否堵塞。

检查主动轮、引导轮、支重轮、拖轮是否松动或漏油，履带板、履带架是否变形。

检查制动器、离合器、支撑是否注油，固定螺栓、减速机、马达、阀组、管路是否漏油，工作是否正常。

3.年度保养检修

年度保养检修主要是：

检查是否更换发动机的三滤、液压系统三滤、机油、液压油、减速机齿轮油、润滑油脂等。

清洁各个液压元件的外观，发现问题及时解决或更换。

检查钢丝绳、绷绳是否生锈、磨损严重，液压管路、电气线路是否损坏，发现问题必须更换。

第五节　汽车起重机的管理

一、汽车起重机简介

汽车起重机是装在普通汽车底盘或特制汽车底盘上的一种起重机，其行驶驾驶室与起重操纵室分开设置。这种起重机的优点是机动性好，转移迅速；缺点是工作时须支腿，不能负荷行驶，也不适合在松软或泥泞的场地上工作。汽车起重机的底盘性能等同于同样整车总重的载重汽车，符合公路车辆的技术要求，因而可在各类公路上通行无阻。此种起重机一般备有上、下车两个操纵室，作业时必须伸出支腿保持稳定。汽车起重机是产量最大、使用最广泛的起重机类型。

二、汽车起重机的分类

汽车起重机的种类很多,其分类方法也各不相同,主要有以下几种:

(一)按起重量分类

按起重量,汽车起重机可分为轻型汽车起重机(起重量在 5 t 以下)、中型汽车起重机(起重量在 5~15 t)、重型汽车起重机(起重量在 5~50 t)、超重型汽车起重机(起重量在 50 t 以上)。受市场需求影响,如今已生产出起重量为 50~1200 t 的大型汽车起重机。

(二)按支腿型式分类

按支腿型式,汽车起重机可分为蛙式支腿式汽车起重机、X 型支腿汽车起重机、H 型支腿汽车起重机。蛙式支腿跨距较小仅适用于较小吨位的汽车起重机;X 型支腿容易产生滑移,也很少采用;H 型支腿可实现较大跨距,整机的稳定性较好,所以我国生产的液压汽车起重机多采用 H 型支腿。

(三)按传动装置的传动方式分类

按传动装置的传动方式,汽车起重机可分为机械传动式汽车起重机、电传动式汽车起重机、液压传动式汽车起重机三类。

(四)按起重装置在水平面可回转范围分类

按起重装置在水平面可回转范围(即转台的回转范围),汽车起重机可分为全回转式汽车起重机(转台可任意旋转 360°)和非全回转汽车起重机(转台回转角小于 270°)。

（五）按吊臂的结构形式分类

按吊臂的结构形式，汽车起重机可分为折叠式吊臂汽车起重机、伸缩式吊臂汽车起重机和桁架式吊臂汽车起重机三类。

三、汽车起重机的基本构造

汽车起重机主要由底盘、主臂、副臂、回转机构、支腿、起升机构、变幅机构、电气系统、液压系统等组成。由于液压技术、电子工业、汽车工业的发展，汽车起重机也有所发展。如今，自重大、工作准备时间长的机械传动式汽车起重机已被液压传动式汽车起重机（以下简称"液压汽车起重机"）所代替。液压汽车起重机的液压系统采用液压泵、定量或变量马达实现起重机的起升、回转、变幅、起重臂伸缩及支腿伸缩，并可单独或组合动作。马达采用过热保护，并有防止错误操作的安全装置。大吨位的液压汽车起重机选用多联齿轮泵，合流时还有助于上述各动作的加速。在液压系统中设有自动超负荷安全阀、缓冲阀和液压锁等，以防止起重机作业时过载或失速及油管突然破裂。汽车起重机装有幅度指示器和高度限位器，防止超载或超伸，卷筒和滑轮设有防钢丝绳跳槽的装置。

16 t 以下的起重机，要设置起重显示器；16 t 及 16 t 以上的起重机，要设置力矩限制器和报警装置。液压汽车起重机的起重臂由多节臂段组成，可以根据起升高度的不同进行设计。起重臂的伸缩方式一种是顺序伸缩，另一种是同步伸缩。大吨位的起重机为了提高起重能力大多都采用同步伸缩。各臂段的伸缩由油压控制，伸缩自如。带副臂的起重机，在行驶状态时，副臂一般安置于主臂的侧方或下方。转台主要用来布置起升机构、回转机构、起重臂及变幅油缸的下支点和操纵装置。对于中大吨位的起重机，有的还在转台上安置发动机。转台与底架之间用能承受垂直载荷、水平载荷和倾覆力矩的回转支承连接。为了防止在行驶时转台发生滑转，设有转台锁定装置。回转机构由定量马达驱动，回转机构的输出齿轮与回转支承齿轮啮合，可实现起重机转台沿回转中心作360°回转。起重臂的变幅，由单只或双只液压油缸通过油液控制完成。起重机构由油液控制变量或定量马达通过减速机驱动卷筒。由于采用液力变矩器，起重机各机构能无级变速，可使载荷在微动速度下由动力控制下降。为了防止过卷，设有钢丝绳三圈保护装置和报警装置。中大吨位的汽车起重机可根据市场需要配置副起升机构，以供双钩作业。

四、汽车起重机的安全操作规程

（一）使用前

（1）检查散热器中的水、油箱内的燃油、发动机曲轴箱内的机油以及轮胎气压是否符合要求。

（2）检查钢丝绳有无断丝、断股，绳卡是否牢固。

（3）检查各部件是否完好，螺钉有无松动。

（4）各操纵手柄应放在中间或停止位置。

（5）将支腿支撑好，并用插销固定。

（二）作业中

（1）起钩时，操纵杆不得扳得过紧，防止由于过紧而卡住，导致一旦发生情况后扳不回来。另外起钩时，还要先推吊钩操纵杆，后徐徐抬起离合器踏板；落钩时，要先把换向器手柄放在落钩位置，然后才可以踩下制动器踏板。

（2）每次作业前，都要先做试吊，把重物吊起离地面 50~100 mm，试验制动器是否可靠；在重载时，还要在试吊中检查支腿是否牢靠。

（3）当起吊重物发生带不动而发动机转速下降时，应推下操纵杆，等发动机转速恢复后再起吊；同时，尽量避免升降起重臂，必须升降时，要先把重物放下再升降，以防止发生翻车事故。另外，当起重臂竖得很高时，卸载应先将重物放在地上，并保持钢丝绳拉紧状态，把起重臂放低一些再脱钩，以防起重机往后翻。

（4）起重机回转时动作要缓慢，以防载荷摇摆，甚至翻车。

（5）在雨雪天气条件下，制动器易失效，所以落钩要慢。

（6）如遇 7~8 级大风时，应停止作业，且要卸下载荷，并把起重臂放在托架上。

第六节　洒水车的管理

一、洒水车简介

洒水车又称喷洒车、多功能洒水车、园林绿化洒水车、水罐车、运水车，适用于各种路面冲洗，树木、绿化带、草坪绿化，道路、厂矿企业施工建设，高空建筑冲洗。洒水车具有洒水、压尘和高低位喷洒，农药喷洒、护栏冲洗等功能，还具有运水、排水、应急消防等功能。每辆洒水车都配备消防专用接口。

洒水车由发动机带动变速箱，变速箱上安装的取力器带动洒水泵，洒水泵产生主要动力，将罐体内部的液体通过管网喷洒出去。

洒水车前喷后洒，前装有鸭嘴形喷嘴或圆头喷嘴，后面装有圆柱洒水喷嘴或莲蓬头喷嘴，后部有一工作平台，装配有高压水炮。

二、洒水车的构成

通常一辆洒水车由以下几部分构成：专用车底盘、罐体、管道系统、操作系统。

（一）底盘

专用车底盘一般采用南骏、东风、解放、福田、欧曼等二类底盘。

（二）罐体

洒水车罐采用自动流水线罐体生产工艺，包括下料、拼板自动焊、封头旋压成型、罐体一次滚压成型等。罐体材料多采用优质碳钢板生产，特殊用途的情况下也可以根据客户的需要采用304不锈钢。罐体容积有 4 m^3、5 m^3、6 m^3、8 m^3、10 m^3、13 m^3、15 m^3 等规格。

（三）管道系统

管道系统由管道、四位三通球阀、直通球阀、过滤网、出水口等组成。

（四）操作系统

洒水车的操作系统包括取力器挂挡操纵和吸水、洒水操纵两部分。

关于取力器，一般洒水车采用东风、解放系列取力器，气动操作，操作开关向后拉，取力齿进入啮位置，通过传动轴带动水泵工作；开关向前回位，水泵即停止工作。取力器就是在洒水车变速箱的箱体一侧安装的设备，一般的汽车变速箱都有安装端口，安装的取力器可以通过变速箱常啮齿轮的转动把动力传递出来，再通过传动部件和控制器把动力传递给洒水车的罐体和加压泵。

关于喷水器，一般用于冲洗街道，起除尘和降温作用。喷水器可以用调节喷嘴螺纹的方法改变喷水器的喷洒方向和角度。高射水炮可以用于城乡园林绿化和应急消防。

洒水车可选装配置有 GPS（全球定位系统）、万向喷头、电磁阀门、气动阀门、可视操作系统、外接动力装置等。

三、洒水车的功能

洒水车的功能主要有吸水作业和喷洒作业。

（一）吸水作业

（1）洒水车尽量接近作业点、驻车。

（2）打开走台箱边门，取出吸水胶管，使之向后摆动，要注意有无弯折现象。

（3）将吸水胶管尽可能深地伸入水中，保证管端在作业过程中始终在液面 300 mm 以下。

（4）将四通阀手柄推至与地面垂直。

（5）将变速器挂入空挡，然后启动发动机，分离离合器，将取力器开关向后拉挂挡取力，泵开始运转。

（6）操作员可通过后封头上部的观察镜观察，当液面达到观察镜中部时，应通知驾驶员，同时应迅速将吸水胶管拉离水面或关闭四通阀。

（7）收起胶管后，将其放回走台箱，关好边门。

（8）将洒水车驶离抽水地点。

（二）喷洒作业

（1）将四通阀门后柄拉至与地面平行，打开想要喷洒的球阀（前冲、后洒、侧喷、花洒），然后启动发动机，将变速器挂入低速挡位，将取力器开关向后拉挂挡取力，然后分离离合器，这时，泵开始运转，开始洒水。

（2）罐体内的水洒完后，驾驶应及时将取力器操纵柄向前推脱挡，洒水泵停止运转。

四、洒水车的工作原理

洒水车是利用汽车发动机的动力通过取力器驱动车载洒水泵，从进水口向本车加水或者将罐体中的水通过管道输送到各个喷头，从而实现各种功能。

洒水泵工作前，泵内的液体存量必须高于泵轴，因此泵进口处必须接一个向上弯的弯管再接一个水平管和快速接头，快速接头中心线必须高于泵轴中心线 300 mm；进口管路系统必须保证不漏气；吸水管的吸入头必须浸没于水下，以免空气进入水管；出口管道与泵出口连接时必须保证直管长度大于等于 200 mm，然后再接弯管。

洒水泵采用外混式自吸结构，泵内应存有适量液体。泵启动后，叶轮旋转，叶轮进口处形成负压，吸入管路中的气体与泵内液体混合，通过压出室进入气液分离室。由于气液的比重差，气体从液体中分离出来，从出口管中排出，液体在气液分离室中下沉，经多次循环，直到吸入管内的气体排净而充满液体，完成自吸过程，泵开始正常输液。

洒水泵可起到吸水和加压排水功能，自吸泵可将池塘的水直接吸入罐体，也可直接从城市街道的消防栓上连接注水，吸入罐体，后进行洒水作业。

五、洒水车的注意事项

（1）当洒水车利用河沟、池塘作为水源时，吸水管端部应全部没入水中。为避免吸入石块或较多的泥沙、漂杂物，吸水管端部一般设有过滤装置，吸水时严禁将过滤装置拆下。如果水源较浅，需要事先将吸水处挖深一些，以保证不进空气。不同洒水车的水泵对水源的要求是有区别的,清水泵要求水中不能有杂质,浊水泵则要求水中不能有石块和过多的泥沙。

(2)离心式水泵每次吸水前,必须向水泵内加入一定量的引水,加完后必须关闭加水口。自吸式水泵第一次使用时,需要加引水,以后则不必再加引水。

(3)吸水时进水管系统必须保持一定的真空度,才能将水吸入箱内。因此,进水管系统务必要密封可靠,软管不能破损,硬管不能有裂纹,否则容易漏气,也容易造成吸不上水的情况。

(4)洒水车无论是在吸水前,还是在洒水前,取力器挂挡都必须在停车时进行。

(5)中国北方冬季一般较少使用洒水车,故在上冻前,应将洒水车水泵及水管内的水排空,以防冻裂。

(6)洒水车前喷头位置较低,靠近地面,喷洒压力较大,可用于冲洗路面;后喷头位置较高(洒水车后喷头一般左右各安装一个),洒水面较宽,可用于公路施工洒水。使用后喷头时,应将前喷管关闭;使用可调喷头洒水时,洒水宽度可根据需要调整。洒水宽度越宽,中间重叠量越少,洒水密度越均匀。

(7)在使用过程中要定期润滑传动总成各润滑点,经常紧固联结点,以保证正常使用。

(8)洒水车贮水箱设有排污管,该管的进口为水箱的最低点。经过一段时间的使用,应定期打开排污管开关,将罐内积存的杂物排除,直到水变清为止。

六、洒水车的故障及解决措施

(一)电机部分故障

第一,接通电源后无反应。这种情况多数是电源插头、电源引出线和电机绕组短路所致,检修相应电路即可排除故障。

第二，难启动或不能启动，且伴有"嗡嗡"的声音。对于这种情况，检修时可用小竹片按运转方向快速拨动风叶，如果电机迅速运转起来，说明是启动电容或启动绕组损坏，应更换相同容量的电容或修理启动绕组；如果电机发卡，多是电机和泵头的机械故障，如轴承损坏、叶轮卡死等。

第三，电机能运转，但转速慢，且机壳过热、有烧焦臭味。这种情况多是电机绕组短路所致，应拆开电机，视损坏情况分别采用焊接、跳线、隔离、重绕等措施修复。

第四，运转时噪声大、振动大。这种情况多是轴承损坏或轴承与机壳的配合不当，需拆开电机检查。如果是轴承损坏，应更换；如果是轴承跑外圆，可对泵壳的配合面采用錾花处理；如果是轴承跑内圆，可对电机轴的磨损部位采用錾花处理，磨损严重的，采用先堆焊后车削的方法修复。

（二）洒水车泵头部分故障

第一，电机正常运转但出水量少或根本不出水。这种情况应首先检查洒水车水泵的密封，检查时应先拔下电源插头，用手堵住吸水口，把水泵灌满水，用嘴衔住出口使劲往里吹气，观察泵头是否漏水，漏水之处往往就是密封损坏之处。常见的故障部位有吸水口垫、出水口垫、叶轮盖垫，维修时应更换。如果无满水现象，多是叶轮损坏、吸水室和出水室之间的挡水内隔蚀穿、泵头挡水隔磨平、叶轮和泵壳的间隙增大等，应更换叶轮和泵壳。更换叶轮时，应注意彻底清除泵内残余的铜叶片，以免再次损坏新叶轮。

第二，机壳带电。机壳带电多是因为水封损坏，水通过电机轴渗入电机内使电机绝缘性能恶化所致，可采用更换水封、烘干电机等方法修复。需要注意的是，因为水泵长期与水接触和露天工作，极易受潮，从而造成绝缘性能恶化，为了保证人身安全，电动洒水车自吸泵应可靠接地。

（三）水抽不上来

（1）故障原因：

第一，管路密封不严。

第二，滤水器入水太深。

第三，水泵中空气未抽空。

第四，引水不足。

（2）解决措施：

第一，检查胶垫，调整密封垫厚度，拧紧接头螺丝。

第二，深置滤水器。

第三，按水泵说明书进行故障排除。

第四，加足引水。

（四）洒水宽度不足

（1）故障原因：

第一，水泵转速达不到额定值。

第二，喷洒角度不对。

第三，管路有堵塞或泄漏现象。

（2）解决措施：

第一，加足油门，提高发动机转速至水泵转速的额定值。

第二，调整喷洒角度。

第三，疏通堵塞点或修补泄漏点。

（五）水泵有噪声或振动

（1）故障原因：

第一，轴承间隙过大。

第二，齿轮间隙过大。

第三，齿轮箱缺油。

（2）解决措施：

第一，调小轴承间隙。

第二，调小齿轮间隙。

第三，添加齿轮箱油至规定油位。

（六）球阀操纵失灵

（1）故障原因：

第一，气缸故障。

第二，阀芯损坏。

（2）解决措施：

第一，检查电路、气路是否有松动。

第二，更换球阀。

（七）洒水泵不能自吸

（1）故障原因：

第一，泵体内未加储液或储液不足。

第二，吸入管路漏气。

第三，转速太低。

第四，吸程太高或吸入管路被堵塞。

第五，机械密封泄漏量过大。

（2）解决措施：

第一，加足储液。

第二，检查并修补漏气点。

第三，调高转速。

第四，降低吸程或缩短吸入管路。

第五，修理或更换。

（八）泵轴功率消耗太大

（1）故障原因：

第一，流量过大。

第二，转速太高。

第三，泵轴歪曲或叶轮卡碰。

第四，泵内流道堵塞或被卡住。

（2）解决措施：

第一，减少流量。

第二，适当降低。

第三，校正或更换。

第四，消除堵塞物。

（九）泵振动、噪声较大

（1）故障原因：

第一，底脚不稳。

第二，气蚀现象。

第三，轴承磨损严重。

第四，泵内流道堵塞或被卡住。

第五，泵或进口管道内有杂物。

第六，泵或动力机两者主轴不同轴。

（2）解决措施：

第一，加固。

第二，调整工况。

第三，更换新轴承。

第四，校正或更换。

第五，清除杂物。

第六，调整同轴度。

七、洒水车的维护保养

（1）汽车底盘和配套泵的维护保养应遵循其使用说明书。

（2）车辆使用前应按汽车使用说明书的要求进行磨合。

（3）长途转场托运时，车辆前后左右应有固定防滑装置，且四周留有 200 mm 以上空隙。如果自行转场，一般应将前喷嘴和后洒水器卸下以防松动丢失。

（4）经常检查各出液孔、口有无堵塞现象，发现杂物堵塞时应及时清理干净。

（5）每班作业完毕，应清洗油污，管路卷放整齐，清理现场，关门落锁。

（6）车辆长期不用或冬天存放，应放尽罐体、泵内及管路内余水，存放时应停放在车棚内，擦拭干净，以避免暴晒雨淋。

此外，还要注意洒水车底盘的清洁。离地面最近的底盘肯定较脏。在进行其他部件清洁之前，我们要先对洒水车的底盘进行全面清洁。经过泥泞道路后，洒水车的前后轮毂板上均会沾满泥浆和小的砂石。在清洁时需用高压水枪放到轮毂板下方，高压水枪的喷水方向朝轮毂板方向，这样才能有效清除附着在轮毂板上的泥沙。

洒水车漆面的清洁也是不容忽视的。底盘清洁完后，还要对洒水车车身进行清洗。首先，用自来水由上到下地冲洗车漆表面，以冲走车身上较大体积的砂石，然后使用毛巾由车顶到车底轻轻擦拭。请注意，越靠近底盘的漆面越要小心擦拭，以免车漆被细沙刮伤。

八、洒水车的安全技术要求

洒水车每次揭开进料口盖之前,要先打开卸压阀,排出罐内余气,以免发生伤人事故。此外,还要注意洒水车压力表是否正常工作,严防压力表失灵而超压发生罐体爆炸;要经常查看安全阀,保证在 0.196 MPa 时开始排气,不得使罐内压力超过 0.196 MPa;经常查看洒水车转速表工作是否正常,以免超转而损坏空气压缩机和取力箱;经常清洗转速表探头(此探头在空气压缩机飞轮处);经常倾听洒水车取力箱及空气压缩机转动声音,如果有异常响声,应立即停机排除故障。

第七节 柴油发电机的管理

一、柴油发电机简介

柴油发电机是以柴油机为原动力带动发电机发电的动力机械。整套机组一般由柴油机、发电机、控制箱、燃油箱、起动和控制用蓄电瓶、保护装置、应急柜等部件组成。

二、柴油发电机的基本结构

（一）柴油机

柴油机的基本结构由气缸、活塞、气缸盖、进气门、排气门、活塞销、连杆、曲轴、轴承和飞轮等构件构成。

柴油发电机的柴油机一般是单缸或多缸四冲程的柴油机，下面以单缸四冲程柴油机为例，简要阐述其基本工作原理：柴油机起动是通过人力或其他动力转动柴油机曲轴使活塞在顶部密闭的气缸中做上下往复运动。活塞在运动中完成四个行程——进气冲程、压缩冲程、燃烧和做功（膨胀）冲程和排气冲程。当活塞由上向下运动时进气门打开，经空气滤清器过滤的新鲜空气进入气缸完成进气冲程。活塞由下向上运动，进排气门都关闭，空气被压缩，温度增高，压力增大，完成压缩过程。活塞将要到达最顶点时，喷油器把经过滤的燃油以雾状喷入燃烧室中，燃油与高温高压的空气混合立即自行着火燃烧，形成的高压推动活塞向下做功，推动曲轴旋转，完成做功冲程。做功冲程结束后，活塞由下向上移动，排气门打开排气，完成排气冲程。每个冲程曲轴旋转半圈。经若干工作循环后，柴油机在飞轮的惯性下逐渐加速进入工作状态。

（二）发电机

柴油机曲轴旋转便带动发电机转动发电。发电机可分为直流发电机和交流发电机。

直流发电机主要由发电机壳、磁极铁芯、磁场线圈、电枢和电刷等组成。直流发电机的发电原理：当柴油机带动发电机电枢旋转时，由于发电机的磁极铁芯存在剩磁，所以电枢线圈便在磁场中切割磁感线，根据电磁感应原理，由磁感应产生电流并经电刷输出电流。

交流发电机主要由磁性材料制造多个南北极交替排列的永磁铁（称为转子）和硅铸铁制造并绕有多组串联线圈的电枢线圈（称为定子）组成。交流发电机的发电原理：转子由柴油机带动轴向切割磁感线，定子中交替排列的磁极在线圈铁芯中形成交替的磁场，转子旋转一圈，磁场的方向和大小变换多次，由于磁场的变换作用，在线圈中将产生大小和方向都变化的感应电流，并由定子线圈输送出电流。

为了保护用电设备，并维持其正常工作，发电机发出的电流还需要调节器进行调节控制。

三、柴油发电机的原理

简而言之，柴油发电机的发电原理就是柴油发动机驱动发电机运转。

在汽缸内，经过空气滤清器过滤后的洁净空气与喷油嘴喷射出的高压雾化柴油充分混合，在活塞上行的挤压下，体积缩小，温度迅速升高，达到柴油的燃点。柴油被点燃，混合气体剧烈燃烧，体积迅速膨胀，推动活塞下行，称为做功。各汽缸按一定顺序依次做功，作用在活塞上的推力经过连杆变成推动曲轴转动的力量，从而带动曲轴旋转。将无刷同步交流发电机与柴油发动机曲轴同轴安装，就可以利用柴油发动机的旋转带动发电机的转子，利用电磁感应原理，发电机就会输出感应电动势，经闭合的负载回路就能产生电流。

这里只描述发电机组最基本的工作原理。要想得到可使用的、稳定的电力输出，还需要一系列的柴油发动机和发电机控制、保护器件和回路等。

四、柴油发电机孤岛操作模式

在没有连接到电网的情况下操作一台或多台柴油发电机被称为孤岛操作模式。并联的工作发电机可以在部分负载下获得更高的效率。用于孤立社区主电源的孤岛电厂通常具有至少三台柴油发电机，其中任意两台即可承载额定承载负载。

多台发电机可以通过同步过程连接在一起。要想做好同步，需要在将发电机连接到系统之前匹配电压、频率和相位。在连接之前无法同步可能会导致高短路电流或发电机及其开关设备的磨损。同步过程可以由自动同步模块自动完成，或由指导的操作员手动完成。自动同步器将从发电机和母线电压读取电压、频率和相位参数，同时通过发动机调速器或发动机控制模块调节速度。

负载可以通过负载共享在并联运行的发电机之间共享。负载共享可以通过使用由发电机频率控制的下降速度控制来实现，同时其不断调节发动机燃料控制以将负载转移到剩余电源或从剩余电源转移负载。当向柴油发电机的燃烧系统的燃料供应增加时，柴油发电机将承担更多负载，而如果燃料供应减少，则释放负载，这有助于实现多台柴油发电机并联使用。

五、柴油发电机的主要功能

（一）日常使用供电

尽管柴油发电机组的功率较低，但由于其体积小、灵活、轻便，配套齐全，便于操作和维护，所以广泛应用于矿山、铁路、野外工地、道路交通维护，以及工厂、企业、医院等部门。

（二）应急电源

柴油发电机组经常用于没有连接到电网的地方，或者在电网故障时用作应急电源。

六、柴油发电机的日常管理要求

（1）非专业人员不准进入机房，如果需要进入，须经工程领班或主管同意，并在专业人员的陪同下方可进入。

（2）机房内严禁存放易燃、易爆、危险物品，机房应备齐消防器材，并放置在方便取用、显眼处，机房内及油箱附近禁止吸烟。

（3）机组周围严禁有妨碍运转的杂物，保持机房卫，做到设备设施表面无积尘、无锈蚀、无油渍、无污物，油漆完好、整洁光亮。

（4）机房应随时上锁，钥匙由当值电工保管，备用钥匙由机械设备管理部门保管。

（5）检查启动柜侧的市电开关，并做好记录；确保380 V市电正常供电，充电开关处于常开位置；气温低于10℃时，应开启电加热器开关，对机器进行预热。

（6）检查机组状态并做好记录，如有异常及时通知值班室；检查蓄电池组电压是否正常；检查油压、油温、水温、增压压力数值；观察报警指示灯是否接通发亮。

（7）检查机组燃油供油阀是否处于开通位置。

（8）检查配电柜开关是否置于分闸位置，各仪表指是否处于零位。

（9）按规定填写检查内容，要求每班一次，记录要真实、完整。

（10）每月空车试车一次，每次启动时间不应少于15分钟。

（11）试车前通知机械设备管理部门，并按日常检查规定对设备进行检查。

（12）负载启动前的准备事项：清洗机组附着的灰尘；全面检查机组的装置，连接应紧固，操纵机构应灵活；管道有无泄漏或阻塞，检查冷却系统是否已加满冷却液，水泵是否灌满吸引水；检查燃油箱燃油存量；检查机油面是否在油标尺两刻度线之间，燃油泵和调速器有无足够的机油；检查所有的电气线路（包括充电、起动电路）是否连接正确，接触良好；检查柴油机供给、润滑、冷却等系统各管接头是否有漏水和漏油现象；控制屏内所有元器件应完整、清洁、无损伤、无松动；检查控制屏上各开关的位置是否正常，主开关应分闸位置，对带自动调压的控制屏应放在手动位置；仪表（频率表除外）指针应指零位；长期停机必须放尽机油。

第八节　空气压缩机的管理

一、空气压缩机简介

空气压缩机是一种用以压缩气体的设备。空气压缩机与水泵的构造类似。大多数空气压缩机是往复活塞式，也有旋转叶片式和螺旋杆式。

二、空气压缩机的种类

空气压缩机的种类有很多：

（1）按工作原理，空气压缩机可分为三大类：容积型、动力型（速度型或透平型）、热力型空气压缩机。

（2）按润滑方式，空气压缩机可分为无油空气压缩机和机油润滑空气压缩机。

（3）按性能，空气压缩机可分为低噪音、可变频、防爆等空气压缩机。

（4）按用途，空气压缩机可分为冰箱压缩机、空调压缩机、制冷压缩机、油田用压缩机、天然气加气站用压缩机、凿岩机用压缩机、车辆制动用压缩机、门窗启闭用压缩机、纺织机械用压缩机、轮胎充气用压缩机、塑料机械用压缩机、矿用压缩机、船用压缩机、医用压缩机等。

（5）按型式，空气压缩机可分为固定式、移动式、封闭式空气压缩机。

三、空气压缩机的用途

在高速铁路隧道、桥梁工程施工中，大量使用空气压缩机，利用压缩空气进行凿岩、通风、喷砂、除锈等工作。空气压缩机已成为施工中不可缺少的一种施工机械。

空气压缩机是一种动力机械。它将空气压缩、使空气的压力增高，具有一定的能量，以便利用这种能量来作为风动机械、风动工具的动力。但空气压缩机必须由原动机来驱动，才能产生压缩空气。一般空气压缩机是以电动机或内燃机来驱动的。

空气压缩机利用压缩空气作动力，通过风动机械和风动工具进行施工，有安全、可靠、使用方便、维护容易、工作环境适应性强。因此，空气压缩机可以胜任某些电动机械、内燃机械不易或不能做的工作。

四、空气压缩机的噪声控制措施

空气压缩机噪声的控制主要有安装消声器、设置消声坑道和建立隔声罩三种措施。

（一）安装消声器

空气压缩机工作时的主要噪声源是进、排气口，应选用适宜的进排气消声器。空气压缩机进气噪声的频谱呈低频特性，进气消声器应选用抗性结构或以抗性为主的阻抗复合式结构。空气压缩机的排气气压大，气流速度高，应在空气压缩机排气口使用小孔消声器。

（二）设置消声坑道

消声坑道是地下或半地下的坑道，坑道壁用吸声性好的砖砌成。把空气压缩机的进气管和消声坑道连接，使空气通过消声坑道进入空气压缩机，可使空气压缩机的进气噪声大大降低，使用寿命延长。

（三）建立隔声罩

在空气压缩机的进气口、排气口安装消声器或设置消声坑道以后，气流噪声可以降到 80 dB 以下，但空气压缩机的机械噪声和电机噪声仍然很高，因此还应在空气压缩机机组上安装隔声罩。此外，还可以悬挂空间吸声体。

五、空气压缩机的操作规程

空气压缩机是不少施工工序主要的机械动力设备之一，对空气压缩机进行安全操作是很有必要的。严格执行空气压缩机操作规程，不仅有助于延长空气压缩机的使用寿命，而且能确保空气压缩机操作人员的安全。

（一）操作前

在空气压缩机操作前，应注意以下几个问题：

（1）保持油池中润滑油在标尺范围内，空气压缩机操作前应检查注油器内的油量，不应低于刻度线。

（2）检查各运动部位是否灵活，各连接部位是否紧固，润滑系统是否正常，电机及电器控制设备是否安全可靠。

(3) 空气压缩机操作前应检查防护装置及安全附件是否完好齐全。

(4) 检查排气管路是否畅通。

(5) 接通水源，打开各进水阀，使冷却水畅通。

（二）操作时

应注意，空气压缩机长期停用首次起动后，必须进行试车检查，注意有无撞击、卡住或响声异常等现象。此外，机械必须在无载荷状态下起动，待空载运转情况正常后，再逐步使空气压缩机进入负荷运转。

空气压缩机正常运转后，应经常注意各种仪表读数，并随时予以调整。

空气压缩机操作中，还应注意下列情况：

(1) 电动机温度是否正常，各仪表读数是否在规定范围内。

(2) 各机件运行声音是否正常。

(3) 吸气阀盖是否发热，阀的声音是否正常。

(4) 空气压缩机各种安全防护设备是否可靠。

空气压缩机操作 2 小时后，需将油水分离器、中间冷却器、后冷却器内的油水排放一次。储风桶内的油水每班需排放一次。

空气压缩机操作中发现下列情况时，应立即停机，查明原因，并予以排除：

(1) 润滑油中断或冷却水中断。

(2) 水温突然升高或下降。

(3) 排气压力突然升高，安全阀失灵。

空气压缩机的动力部分须遵照内燃机操作的有关规定执行。

此外，空气压缩机的操作规程还有以下几点：

(1) 空气压缩机应停放在远离蒸汽、煤气弥漫和粉尘飞扬的地方。进气管应装有空气过滤装置。空气压缩机就位后，应用垫块对称楔紧。

(2) 要经常保持贮气罐外部的清洁，禁止在贮气罐附近进行焊接或热加工。贮气罐每年应作压力试验一次，试验压力应为工作压力 1.5 倍。气压表、安全阀应每年作一次检验。

（3）操作人员应经专门培训，必须全面了解空气压缩机及附属设备的构造、性能和作用，熟悉运转操作和维护保养规程。

（4）操作人员应穿好工作服，女同志应将发辫塞入工作帽内，严禁酒后操作。空气压缩机运行时，不得从事与运行无关的事情，不得擅自离开工作岗位，不得擅自决定非本机操作人员代替工作。

（5）空气压缩机起动前，应按规定做好检查和准备工作，注意打开贮气罐的所有阀门。柴油机启动后必须施行由低速、中速到额定转速的逐渐加速运转，待各仪表读数正常后，方可带负荷运转。启动后，应逐渐增加空气压缩机的负荷，各部分正常后才可全负荷运转。

（6）空气压缩机运转过程中，须随时注意仪表读数（特别是气压表的读数），倾听各部分运转的声音，如发现异常情况，应立即停机检查。贮气罐内最大气压不许超过铭牌规定的压力。每工作 2~4 h，应开启中间冷却器和贮气罐的冷凝油水排放阀门 1~2 次。

（7）空气压缩机停机时应逐渐开启贮气罐的排气阀，缓慢降压，并相应降低柴油机转速，使空气压缩机在无负荷、低转速下运转 5~10 s。空气压缩机停转后，让柴油机在低转速下继续运转 5 s 再停机。冬季温度低于 5℃，停机后应放尽未掺加防冻液的冷却水。

（8）在清扫散热片时，不得用燃烧方法清除管道油污。清洗、紧固等保养工作必须在停机后进行。用压缩空气吹洗零件时，严禁将风口对准人体或其他设备，以防伤人、毁物。

（9）定期（每周）对贮气罐安全阀进行一次手动排气试验，保证安全阀的安全有效性。

（10）搞好机器的清洁工作，空气压缩机长期运转后，禁止用冷水冲洗。

六、空气压缩机的安装场所

挑选空气压缩机安装场所时，须注意以下几点：

（1）空气压缩机安装时，应选择宽阔、采光良好的场所，以利于后期操作与检修。

（2）空气压缩机安装时，应选择空气湿度相对较低、灰尘少、空气清净且通风良好、远离易燃易爆、没有腐蚀性化学物品、不散发粉尘的场所。

（3）空气压缩机安装时，安装场所内的环境温度冬季应高于5℃，夏季应低于40℃。环境温度越高，空气压缩机的运行温度越高，这会影响压缩机的性能，必要时，安装场所应设置通风或降温装置。

（4）如果运行环境较差，灰尘多，应加装前置过滤设备。

（5）空气压缩机安装场所内空气压缩机机组宜单排布置。

（6）预留通路，具备条件者可装设天车，以便于空气压缩机的维修保养。

（7）预留保养空间，空气压缩机与墙之间的距离应大于70 cm。

（8）空气压缩机离顶端的空间距离应大于1 m。

七、空气压缩机的维护保养

为了使空气压缩机能够正常运行，保证机组的使用寿命，须制定详细的维护保养计划，定人操作，定时维护，定期检查保养。

（一）清洁冷却器

空气压缩机每运行2000 h左右，为清除冷却器表面灰尘，需将风扇支架上的冷却器吹扫孔盖打开，用吹尘气枪对冷却器进行吹扫，直至冷却器表面的灰尘吹扫干净。若冷却器表面污垢严重，难以吹扫干净，可将冷却器卸下，倒出冷却器内的油并将四个进出口封闭以防止污物进入，然后用压缩空气吹除两面的灰尘或用水冲洗，最后吹干表面的水渍，装回原位。需要注意的是，切勿用铁刷等硬物刮除污物，以免损坏冷却器表面。

（二）排冷凝水

空气中的水分可能会在油气分离罐中凝结，特别是在潮湿天气，当排气温度低于空气的压力露点或停机冷却时，会有更多的冷凝水析出。油中含有过多的水分将会造成润滑油的乳化，影响机器的安全运行。因此，应根据湿度情况制定冷凝水排放时间表。

冷凝水的排放应在机器停机、油气分离、罐内无压力、停机冷却、冷凝水得到充分沉淀后进行，如早上开机前。

排冷凝水的步骤如下：

第一，先打开放气阀排除气压。

第二，拧出油气分离罐底部的球阀前螺堵。

第三，缓慢打开球阀排水，直到有油流出，关闭球阀。

第四，拧上球阀前螺堵。

（三）压缩机补油

在运行状态下，压缩机的油位应保持在最低与最高油位之间，因为油多会影响分离效果，油少会影响机器润滑及冷却性能。在换油周期内，如果油面低于最低油位，应及时补充润滑油。

补充润滑油的步骤如下：

第一，停机等内压释放完毕（确认系统无压力）后，拉下电源总开关。

第二，打开油气分离罐上的加油口，补充适量的冷却润滑油。

换油时间应参见定期维护保养表。

（四）维护保养建议

对于一般用户，供应商可提供一些空气压缩机维护保养建议，用户可参考实行。

1.每周维护建议

第一，检查机组有无异常声响和漏油现象。

第二，检查仪表读数是否正确。

第三，检查温度显示是否显示正常。

2.每月维护建议

第一，检查机器是否有锈蚀、松动之处，如有锈蚀则去锈上油或涂漆，如有松动则上紧。

第二，排放冷凝水。

3.每三个月维护建议

第一，清除冷却器外表面及风扇罩、扇叶处的灰尘。

第二，加注润滑油于电动机轴承上。

第三，检查软管有无老化、破裂现象。

第四，检查电器元件，清洁电控箱。

第九节　电焊机的管理

一、电焊机简介

电焊机是利用正负两极在瞬间短路时产生的高温电弧来熔化电焊条上的焊料和被焊材料，使被接触物相结合的机器。电焊机的结构十分简单，就是一个大功率的变压器。

电焊机一般按输出电源种类可分为两种，一种是交流电焊机，一种是直流电焊机。它们都是利用电感的原理，电感量在接通和断开时会产生巨大的电压变化，利用正负两极在瞬间短路时产生的高压电弧来熔化电焊条上的焊料，来达到使材料结合的目的。

二、电焊机的维护保养

在电焊机使用过程中，其维护与保养是极为重要的。

（一）电焊机日常维护

（1）检查焊机输出接线规范，并且出线方向向下接近垂直，与水平夹角必须大于70°。

（2）检查电缆连接处的螺钉是否紧固，螺丝规格为六角螺栓 M10×30，平垫、弹垫齐全，无氧化生锈等现象。

（3）检查接线处电缆裸露长度是否小于 10 mm。

（4）检查焊机机壳接地是否牢靠。

（5）检查焊机电源、母材接地是否良好、规范。

（6）检查电缆连接处是否可靠绝缘，用胶带包扎好。

（7）检查电源线、焊接电缆与电焊机的接线处的屏蔽护罩是否完好。

（8）检查焊机冷却风扇转动是否灵活、正常。

（9）检查电源开关、电源指示灯及调节手柄旋钮是否保持完好，电流表、电压表的指针是否灵活、准确，表面无裂纹，表盖完好且开关自如。

（10）检查CO_2气体有无泄漏。

（11）检查电焊机外观是否良好，有无严重变形。

（12）检查CO_2焊枪与CO_2送丝装置连接处内六角螺丝是否拧紧，CO_2焊枪是否松动。

（13）检查CO_2送丝装置电缆及气管是否包扎好并固定好。

（14）检查CO_2送丝装置矫正轮、送丝轮是否磨损，如有磨损，应及时更换。

（15）检查电焊机的绝缘垫圈是否完好。

（16）检查CO_2送丝装置上的遥控盒是否松动。

（17）安装CO_2焊枪时，拧紧焊枪开关插头应对准导向槽插入，焊枪安装好后，紧固螺钉要拧紧。

（18）检查电焊钳有无破损、上下罩壳是否松动，是否影响绝缘，检查罩壳紧固螺钉是否松动、与电缆连接是否牢固、导电是否良好。

（19）电焊机车轮是否齐全，是否能灵活转动。

（20）每周彻底清洁设备表面油污一次。

（21）每半年对电焊机内部用压缩空气（不含水分）清除一次内部的粉尘（一定要切断电源后再清扫）。在去除粉尘时，应将上部及两侧板取下，然后按顺序由上向下吹，附着油脂类用布擦净。

（22）保养项目由操作者承担。

（二）电焊机技术保养

电焊机的技术保养，是在电焊机日常维护的基础上进行的，主要包括以下几项工作：

（1）检查各线路及零附件是否完好。

（2）检查保险丝是否符合要求，如发现已氧化、严重过热、变色等，应及时更换。

（3）检查电流调节装置是否符合调节范围的要求。

（4）检查设备各部润滑情况。

（5）启动新电焊机前，应检查电气系统接触器部分是否良好，确认正常后，可在空载下启动试运行。证明无电气隐患后，方可在负载情况下试运行，最后才能投入正常运行。

（6）直流电焊机应按规定方向旋转，对于带有通风机的要注意通风机旋转方向是否正确，应使风从上方吹出，以达到冷却电焊机的目的。

此外，还应注意，长久未用的电焊机常由于受潮使绕组间、绕组与机壳间的绝缘电阻大幅度降低，在开始使用时容易短路，造成设备故障和人身事故。因此在使用前应用兆欧表检查其绝缘电阻是否合格。

三、电焊机的操作规程

（一）焊接前的准备

第一，电焊机应放在通风干燥处，放置平稳。

第二，检查焊接面罩有无漏光、破损。焊接人员和辅助人员均应穿戴好劳保用品。

第三，电焊机焊钳、电源线以及各接头部位要连接可靠、绝缘良好。接线处不允许发生过热现象，电源接线端头不得外露，应用电胶布包好。

第四，电焊机与焊钳间的导线长度不得超过 30 m，特殊情况下不得超过 50 m，导线如有受潮、断股现象，应立即更换。

第五，电焊线通过道路时，必须架高或穿入防护管内埋入地下，如通过轨道时必须从轨道下面通过。

第六，交流电焊机初级、次级接线应准确无误，输入电流应符合设备要求。严禁接触初级线路带电部分。

第七，次级抽头联结铜板必须压紧，接线柱应有线圈。合闸前详细检查接点螺栓及其他元件有无松动或损坏，如有，应及时处理。

（二）焊接中的注意事项

（1）应根据工作的技术条件，选择合理的焊接工艺，不允许超负载使用，不准采用大电流施焊，不得用电焊机进行金属切割作业。

（2）在施焊中电焊机升温不应超过 A 级 60℃、B 级 80℃，否则应停机降温后再施焊。

（3）电焊机的工作场合应保持干燥、通风良好。移动电焊机时，应切断电源，不得用拖拉电线的方法移动电焊机。如焊接中突然停电，应切断电源后再检查。

（4）在焊接中，不允许调节电流。必须在停焊时，使用调节手柄调节电流，且不得过快、过猛，以免损坏调节器。

（5）禁止在起重机吊运的工件下面做焊接作业。

（6）如在有起重机钢丝绳区域内施焊时，应注意不得使电焊机的地线误碰触吊运的钢丝绳，以免产生火花导致事故。

（7）必须在潮湿区施工时，焊工必须站在绝缘的木板上工作，不准触摸电焊机导线，不准用臂夹持带电焊钳。

（8）焊接时如发现自动停电装置失效，应立即停机断电检修。

（三）焊接后的注意事项

（1）完成焊接作业后，应立即切断电源，关闭电焊机开关，分别清理归整好电焊钳电源和地线，以免合闸时造成短路。

（2）清除焊缝焊渣时，要戴上眼镜。注意头部避开焊渣飞溅的方向，以免造成伤害。不能对着在场人员敲打焊渣。

（3）露天作业完成后应将电焊机遮盖好，以免被雨淋。

（4）焊接作业结束后，应切断电源以免发生事故。

（5）每月应检查一次电焊机是否接地可靠。

电焊机辅助器具包括防止操作人员被焊接电弧或其他焊接能源产生的紫外线、红外线或其他射线伤害眼睛的气焊眼镜，电弧焊时保护焊工眼睛、面部和颈部的面罩，白色工作服、焊工手套和护脚等。

第六章　高速铁路施工机械设备安全管理

第一节　机械设备的安全管理与应用

一、机械设备安全管理与应用的概述

所谓的机械设备安全管理与应用,就是安装机械、使用设备、对设备进行维护更新、对设备进行改善,直到报废设备这一系列的机械操作管理过程。

采用科学合理的管理办法,规范地操作机械,有助于设备高效、安全运行,从而可以为企业节省成本,增加效益。

二、机械设备安全管理与应用的意义

(一)保证企业施工的正常开展

对机械设备进行安全管理与应用,保证机械设备正常、安全的运行,就是保证企业施工的正常开展。

从某种意义上说,施工机械设备的安全运行,安全管理水平的高低,是衡量施工企业生产力高低的重要标准。

企业的机械设备在生产过程中一旦出现问题,小则影响施工进度,降低施

工企业的生产效率，大则可能会引发严重的生产安全事故，威胁企业员工的生命财产安全。

做好机械设备的安全管理，可以有效减少机械设备在自然力作用下的有形损耗；科学地应用机械设备，可以减少机械设备的磨损。

当然，在管理过程中，对机械设备的运作数据进行统计分析，有助于及时发现企业生产过程中遇到的一些问题，进而制订出相应的对策。

因此，在施工企业的生产中，除了重视人的作用外，还要重视机械设备的安全管理和应用。

（二）节省企业成本，提高企业效益

在施工企业的资金预算当中，为机械设备预留的资金会占一定的比例。因此，强化机械设备的安全管理与应用，可以帮助施工企业节省成本，有助于施工企业在激烈的市场竞争中抢占优势地位。

同时，对机械设备的安全管理与应用，可以保证工程按质按量如期完成，以最科学的投入来创造最佳的经济效益，从而提高企业的收益。

三、做好机械设备安全管理工作的措施

（一）对机械设备进行备案管理

这种管理也叫台账管理，具体而言就是在企业的内部建立一套自上而下的台账管理制度，详细记录各类设备和各种配套工具设施的档案信息，也就是对所有的机械设备和部件做好相应的编号和标识，使机械设备拥有属于自己的"身份证"。

这种备案管理一定要做到内容详细，内容可以包括生产厂家、出库日期、购买日期、使用时间、运行情况、主要性能的状况、保养周期和故障情况等。

特别要注意的是，对于机械设备防护装置的检验，一定要逐次认真记录。

一般情况下，备案管理的信息一式四份，操作员、安全员、项目部和企业各执一份。

需要指出的是，这种管理信息必须以动态的方式呈现，以便于相关人员了解机械设备的实时状态。

（二）积极观测和监视设备的安全隐患

机器设备在使用的过程中，有时会出现安全隐患，因此要对机械设备的隐患做相应的动态信息检测。如果在管理的过程中发现安全隐患，就要通知技术人员及时排查，对于那些暂时不能整改的隐患，要进行全程的安全监视，以便于掌握隐患的变化规律，监视其变化情况。

在监视安全隐患的过程中，一般要由相关的技术人员作指导，消除安全隐患的治理方案也需要技术人员来制订。

只有这样，才能完全控制安全隐患，从而保障机器设备的安全生产，保障企业生产的正常进行。

（三）强化机械设备自身的安全管理

强化机械设备自身的安全管理，要建立并完善岗位责任制，实行统一的规划，要求专人负责，贯彻执行定机、定人、定岗位责任的"三定"制度，相关人员要采取不间断和定期相结合的方式，对机械设备进行检查和审验，发现问题，要及时解决，缩短安全隐患的存在时间。

机械的操作和检修人员要严格执行安全原则，按照"三验"制度来操作机械设备。

在工作前、工作中和工作后三个时段要保持应有的专注度，对机械设备做相关检查。

同时对机械设备的保养要分为四个不同的级别，机长和机械操作人员要按时进行一级保养和小型机械的二级保养，定时派专业技术人员对机械设备进行三、四级保养。

第二节 高速铁路施工机械设备安全管理

一、高速铁路施工机械设备安全管理的现状

随着经济社会的发展，我国交通运输基础设施建设也有了飞速发展，尤其是高速铁路建设方面。我国高速铁路工程建设呈现规模化、机械化发展，但是机械设备安全管理方面却存在一些不足。这些不足如果得不到有效解决就会影响高速铁路工程施工安全。

高速铁路工程是促进国民经济发展的重要基础性工程。在高速铁路施工过程中，机械设备的作用是不可替代的。在高速铁路施工中应用机械设备，可以极大地降低施工难度，减少人为失误，从而提高高速铁路施工的效率、质量与安全水平。

对高速铁路施工机械设备进行有效管理能够确保高速铁路施工的安全和质量，但是目前机械设备管理存在设备技术更新不及时、缺少管理人才等问题，只有解决这些问题，高速铁路施工的质量和安全才能得到进一步提升。这就需要高速铁路施工单位始终重视机械设备的安全管理工作，及时更新机械设备，注重提高机械设备维护人员的综合素质等，以降低机械设备安全管理不足对高速铁路工程的不利影响。

高速铁路施工过程中会用到多种机械设备。在使用过程中，机械设备往往会受到内外部不确定因素的影响，其性能也存在较大差异，这就会导致机械设备安全管理方面存在较大不确定性，影响施工的安全性。为此，有必要对高速铁路施工机械设备安全管理的现状进行分析，具体内容如下：

（一）机械设备安全管理制度不健全

高速铁路行业发展的速度比较快，高速铁路施工单位也在不断深化改革，但仍有部分施工单位没有设置专门的机械设备管理部门，或者管理制度不健全。目前，有些高速铁路施工单位对机械设备安全管理的重视程度不够，没有形成完善的管理制度和体系，这就导致机械设备安全管理过程中无据可依，增加了安全管理的难度。

（二）机械设备操作人员短缺

高速铁路建设在不断发展，尤其是新技术、新手段和新设备在高速铁路建设过程中的使用，提高了高速铁路施工的机械化程度，但是具有相应技术的操作人员却比较短缺，而且有些现有操作人员的综合素质不足以支撑新的施工生产活动的需要，如专业技能、安全知识等。但是，加强对操作人员的培训，这就无疑给其繁重的工作增加了新的负担，在这种情况下机械设备使用的安全性并不能得到有效保障。

（三）机械设备更新不及时

机械设备更新不及时归根结底是高速铁路施工单位没有正确地处理机械设备技术寿命和经济寿命的关系。有些单位一味地延长落后的机械设备的使用寿命，并不知道这不仅不利于单位工作效率的提高，反而由于机械设备性能和可靠性的下降产生一定的安全隐患。因此，要让各个高速铁路施工单位明白适时地更新机械设备进行对机械设备安全管理的重要性。

（四）对机械设备的保养和维修不重视

由于高速铁路施工单位缺乏专业技术人员，机械设备的一些保养和维修工作并没有切实贯彻，而且部分单位对机械设备保养和维修的重视程度不足，导致机械设备维修和保养的资金和时间不足，使维修和保养工作发展成了"说起来重要、做起来次要、忙起来不要"的工作，导致机械设备的性能受到影响，从而增加了机械设备事故的发生概率。

（五）危险多变的环境增加了机械设备安全管理的难度

高速铁路工程的施工环境一般比较恶劣、复杂，多是山区、高原等。高速铁路工程点多线长的特点使机械设备经常在各个项目间频繁调运，而施工单位僵化的检测、保养维修管理体制已不能满足机械设备的正常养护需要。因此，许多机械设备的安全状况令人担忧。

二、高速铁路施工机械设备安全管理的对策

（一）健全机械设备安全管理的制度

健全的机械设备安全管理制度为相关人员的行为提供了参考，使得其行为有据可依，为机械设备运行的安全提供制度保障。

首先，应该建立完善的奖惩机制和责任机制，明确机械设备安全管理工作的责任，并落实到个人，并且通过建立完善的奖惩机制提高机械设备相关工作人员的工作积极性，从而推动机械设备安全管理工作的有效开展。其次，引入竞争机制，提高工作人员的工作积极性，提高机械设备安全管理的效率。最后，建立内部监督机制，通过强有力的监督机制确保安全管理制度相关内容的有效贯彻和落实。

（二）重视人才培养和高素质人才的引进

高速铁路施工机械设备安全事故的发生，有一个主要原因是相关专业人员的缺乏。因此，要加强对机械设备操作人员的培养，引进一批掌握新技术，具有较高综合素质的人才。相关单位一方面要合理安排原有工作人员，对其安排专业培训和职业素养教育，提高操作人员的安全意识和责任意识，确保其能够适应不断更新的机械设备。但是，要注意劳逸结合，避免因培训工作而增加工作人员的负担。另一方面，相关单位要加强校企合作，引进一批符合要求的人才，以解决操作人员短缺的问题。

（三）机械设备的及时更新

高速铁路施工单位要及时更新机械设备，实现机械设备经济寿命与技术寿命的统一。相关技术人员可以利用大数据分析等手段合理确定机械设备的最佳使用年限，优化机械设备的使用计划，均衡机械设备的经济寿命和技术寿命，避免因机械设备更新不及时而出现安全问题。

（四）重视机械设备的保养和维修工作

高速铁路施工单位要重视机械设备的保养和维修工作，制订合理的保养和维修计划，对机械设备进行日常保障维护、定期保养维护等，并进行合理的规划和安排，确保机械设备的问题能够及时发现、解决。此外，还应做好机械设备保养和维修的记录工作，确保对机械设备的性能有全面把握。

（五）做好风险管理

机械设备的管理受到复杂环境的影响，因此高速铁路施工单位在对机械设备进行管理的过程中，要对风险因素进行识别，之后进行科学预测并建立风险评估机制，对机械设备在使用过程中的问题进行科学预测，确保机械设备使用的安全性在可控范围之内，尽可能消除环境因素对机械设备安全管理所造成的不利影响。

高速铁路施工机械设备的安全管理工作是十分重要的。因此，我们要从多方面着手加强高速铁路施工机械设备的安全管理，降低机械设备安全问题的出现频率，提高高速铁路施工的安全与质量水平。

三、实例分析

（一）工程背景

本工程为某快速城际铁路，全线运营长度90.12 km，新建正线长度77.04 km，设计时速300 km/h。按工程施工总体规划，基础开挖、回填采用特大型、大型推（土机）、挖（掘机）、装（载机）施工机械设备和自卸车，主体工程混凝土浇筑采用"混凝土拌和系统＋混凝土皮带输送机＋塔（顶）带机"生产线，并以缆机、高架门机、塔机（塔式起重机）辅助浇筑施工。

（二）机械设备管理特点

本工程建设采用的是业主负责制、招标投标制、建设监理制，由业主提供机械设备，施工单位根据需要租赁设备。在此模式下，机械设备所有权、使用权分离。因此，在机械设备管理方面业主和施工单位的责任划分以及相关维护保养、修理工作的开展是不小的难题，需要慎重对待。

（三）机械设备管理方法

基于本工程机械设备管理的特点，经多方协商，最终确定了"以项目管理为中心，各职能部门、运行单位、监理单位分工负责、综合管理"的管理方法，计划预防修理制、全员生产维修制、机械设备监理制相结合，具体需做好以下几个方面的工作：

（1）在机械设备招标采购、到货验收、安装、运行、维修、备品配件供应、培训、技术服务等各个环节，应充分调动业主、施工单位各部门工作人员的积极性。

（2）各单位的责任应明确划分：业主负责合同管理，施工单位负责机械设备的安装、运行、维护保养、修理、配件更换、拆除等，机械设备监理单位进行全过程、全面监督管理。

（3）施工机械设备安全管理涉及机械设备的安装、拆除、运行、维护、保养、修理等各方面，为预防重特大设备安全事故，实现"零质量缺陷，零安全事故"的目标，本工程构建了专门的机械设备安全管理体系，以高速铁路工程安全生产委员会、工程建设部为领导，安全总监办公室负责施工、机械设备、人员的安全检查、人员的安全培训和监督，施工单位成立专门的机械设备安全监察机构，切实加强对施工机械设备的全面管理。

机械设备既是高速铁路工程的重要资源，也是高速铁路工程安全风险的重要来源之一，基于此，必须将机械设备的安全管理放在重要地位，构建完善的机械设备管理制度，在项目实施中落实安全操作、检修与养护等管理措施，使管理日常化、维护保养经常化，以确保机械设备一直处于良好运行状态，以真正实现机械设备使用效益的最大化。

第七章　高速铁路施工机械设备的维护与保养

第一节　高速铁路施工机械设备维护

一、高速铁路施工中常见的机械设备事故

（一）机械事故

1.旋转事故

机械设备含有大量运动部件，在高速铁路项目建设期间，一旦未做好相应的安全隔离工作，将会导致机械旋转事故问题出现。例如，在机械设备运行期间，内部齿轮危险性极强，一旦未做好相应的隔离工作，极易对施工人员的人身安全造成伤害。

2.机械臂事故

在高速铁路项目建设时，部分机械设备带有机械臂结构，如吊装设备、挖掘设备等。在运行期间，机械臂需做回转运动。需要注意的是，一旦出现操作不当的现象，将会对周边施工人员造成剐蹭伤害，严重时还会出现机械设备侧翻等事故，威胁施工人员的人身安全。

3.安装事故

在机械设备安装期间，一旦出现安装不稳或固定不牢等问题，将会导致机

械设备出现下坠或倾斜现象,严重时会威胁施工人员的人身安全。

(二)电气事故

1.漏电事故

在高速铁路项目建设过程中,机械设备的运行需要电力保障。对于各类电源,一旦未按施工规定、安全标准做好相应的漏电保护工作,或漏电保护装置灵敏度低,性能无法满足使用标准,就极易导致安全事故的发生。

2.机械设备接地系统事故

机械设备接地系统能够提高机械设备运行环节的安全性。在施工过程中,应将接地设备与电控箱外壳相连接,并确保连接紧密。否则,在施工时,一旦接地故障发生,极有可能威胁施工人员的人身安全。

3.电箱接线事故

在高速铁路施工现场,配电箱是一种不可缺少的重要装置,能够为各类机械设备的运行提供稳定的电能供应。一旦出现线路混乱、随意接线的现象,将会影响机械设备的正常运行,甚至导致人身安全事故发生。

二、高速铁路机械设备维护存在的主要问题

(一)维护管理制度不当

目前,在高速铁路机械设备维护过程中,制度不完善是主要问题。科学、完善的规章制度能够为各项维护管理工作的开展打下坚实的基础。许多高速铁路施工单位缺少完善的制度规范,维护管理人员在日常工作中时常会出现疏漏现象。此外,虽然部分高速铁路施工单位已经拟定了相应的维护管理制度,但存在责任界定相对模糊等问题,制度内容仍有待优化、细化。

（二）机械设备维护水平低

高速铁路工程施工环境相对恶劣，机械设备维护工作难度大，这就会导致相关维护管理人员具有明显的流动性，专业技术人才流失的现象极为普遍。此外，有些机械设备管理人员技术水平低，而施工单位又未做好相应的培训工作，使得高速铁路机械设备维护过程不规范，检查工作不到位，故障问题无法及时得到解决。

（三）机械设备维护工作形式化严重

虽然有些高速铁路施工单位已经制定了相应的维护管理制度及要求，但制度和要求的内容并未得到有效落实，执行力度仍有待加大。部分维护管理人员仅注重维护过程，却不注重维护结果，日常工作态度敷衍，导致高速铁路机械设备故障问题无法得到及时、有效的解决。

三、高速铁路机械设备维护的策略

（一）做好数据记录及分析工作

1.建设完善的数据记录及分析制度

一方面，应明确设备维护部门的工作内容，做好数据统计及归档工作。对于各项数据信息的记录，还应做好抽查工作，及时掌握机械设备在运行过程中存在的问题，使数据管理工作更加科学、规范。另一方面，应做好数据分析工作。相关管理人员应注重对数据的分析和研究，建立相应的故障统计标准，对日常工作加以优化。

2.做好数据传输及管理工作

要想做好数据传输及管理工作，需要做好信息平台建设工作，使各项数据信息能够实现动态更新，通过这种方式能够缩短维护时间，使后续维护工作有序展开。

（二）建立科学、完善的高速铁路施工机械设备维护制度

建立科学、完善的高速铁路施工机械设备管理制度，有助于提高维护管理人员对高速铁路施工机械设备的管理力度。高速铁路施工机械设备维护管理人员应养成良好的维护意识，根据维护制度要求积极落实各项维护工作要点，从而提高高速铁路施工机械设备维护管理工作的水平。当高速铁路施工机械设备出现异常状况时，维护管理人员应提前做好预判分析工作，并积极参与到日常维护工作中。当高速铁路施工机械设备维护完成后，维护管理人员还应做好相应的成本评估工作，根据各项数据信息内容落实各项维护要点，使各项维护工作更具针对性。此外，在机械设备维护期间，应做好全面的维护工作，以此降低事故发生的概率，充分发挥高速铁路施工机械设备维护工作的积极作用。

（三）强化机械设备制度化管控

管理人员应通过完善的管理制度对高速铁路施工过程进行规范及约束。在机械设备运行期间，如出现故障，管理人员应立刻前往施工现场，做好故障问题分析工作，明确故障问题种类，然后采取科学有效的措施对其加以解决。当故障处理完成后，还应做好记录工作，便于后续再次出现此类故障时能够及时解决。另外，还应建立完善的责任制度，对机械设备加以责任划分，使每个施工人员都明确自己的责任和义务。当机械设备出现故障时，相关负责人应及时与维护人员取得联系，以及时排除故障。

（四）提高机械设备维护人员与作业人员的综合能力

维护人员的综合能力与维护管理工作水平密切相关，相关单位应加强维护人员的技能培训，提高维护人员的综合能力。一般情况下，高速铁路施工机械设备多为大型特种设备，应对各岗位的作业人员进行专业的技能培训，使其掌

握相关维护要求及要点，使其明确自身职责所在。另外，应定期对维护人员和相关作业人员进行考核，通过科学完善的奖惩制度提高维护人员和相关作业人员的综合能力和积极性，以提高高速铁路施工机械设备维护工作的水平。

（五）加大高性能、高效率机械设备的引进力度

对于老化问题严重及维修成本过高的机械设备，应及时做好淘汰更换工作。机械设备维护成本是项目总成本支出的重要构成部分，加强维护成本控制，有助于降低总成本支出。在机械设备采购过程中，应充分考虑机械设备的质量、性能、使用寿命与工作效率，优先选择质量好、性能强、使用寿命长、工作效率高的设备，减少成本支出，降低机械设备故障发生率，减少维修费用。

在高速铁路机械设备运行及使用环节，故障问题是无法避免的，做好应急处理工作是很有必要的。

高速铁路对于促进我国经济发展、提高国民生活质量的积极影响是不容忽视的。在高速铁路项目工程建设期间，一旦高速铁路机械设备出现故障，将会使高速铁路施工环节存在安全隐患。相关管理维护人员应加强高速铁路机械设备的运行维护管理，及时掌握高速铁路机械设备的运行状态，做好数据分析及记录工作，明确影响高速铁路机械设备维护的各项要素，通过相应措施加以控制，使高速铁路施工更加安全、稳定、高效。

第二节 高速铁路工程机械设备的保养

一、高速铁路工程机械设备保养中存在的问题

如今,随着高速铁路建设的蓬勃发展,高速铁路工程机械设备存在的问题也越来越多。因工作面及工作时间的限制,有关部门无法及时解决所有铁路工程机械设备问题。因此,做好高速铁路工程机械设备的保养工作是很有必要的。关于高速铁路工程机械设备保养,主要存在以下几个问题:

(一)高速铁路工程机械设备养护作业专业水平要求较高

在高速铁路工程机械设备日常保养中,由于机械设备功能多样、自动化程度高、机械结构复杂、操作流程烦琐,需要具备专业技术知识的人员来进行保养工作。很多高速铁路工程机械设备的一线作业人员重视学习生产操作流程,但对设备保养知识了解得不充分,仅能按照设备使用说明书进行一些简单的保养操作。加之有些上级管理人员对工程进度要求紧,对设备保养工作的重视程度不够,也未制定科学有效的保养管理制度,容易导致高速铁路工程机械设备保养工作流于表面,缺乏实质性作用。这样高速铁路工程机械设备在高强度作业下,很容易出现设备零部件磨损、老化严重等问题,缩短机械设备的使用寿命,降低机械设备生产的经济价值。

(二)高速铁路工程机械设备保养作业力度不足

高速铁路工程建设活动需要大量机械设备辅助施工,施工单位在机械设备保养方面的投入,很大程度上影响着机械设备的保养质量。部分企业将多数时

间和精力投入到经营生产方面，极易忽视设备保养工作。有些管理人员为了追求效益，盲目压缩保养成本，设备必要的保养资金投入不足，导致机械设备磨损、老化问题严重。这些，都会大大增加机械设备故障发生的概率。

二、高速铁路工程机械设备保养策略

在高速铁路工程中，一些大型高速旋转设备在使用过程中，经常会出现故障，造成生产活动的中断，这就需要对机械设备进行定期保养，以起到预防作用，从而保证生产效率。长时间不对高速铁路工程机械设备进行保养，会造成零部件磨损，一旦在生产中发生故障，那么受到的损失将会更加严重。一些保养工作人员不具备熟练的操作技术，也会在一定程度上影响高速铁路工程机械设备的保养。做好高速铁路工程机械设备的保养工作，可以提高机械设备的完好率、利用率和生产率，降低机械设备的使用成本，延长机械设备的使用寿命。

笔者认为，高速铁路工程机械设备的保养策略主要有以下几个方面：

（一）完善机械设备管理制度

在高速铁路工程建设过程中，首先，施工单位应充分认识机械设备保养的重要性，同时根据国家有关标准，设立专门的维护保养部门，并培养专业的维修保养人员；其次，机械设备管理人员可将工程建设与工程进度进行结合，做好机械设备的调配工作，从而使机械设备的生产效率在整体上得到提升；再次，在机械设备的安排方面，管理人员要做好机械设备损毁维修工作记录，保证维修保养人员对机械设备的各项情况有全面认知，同时也能做好应对故障发生的准备；最后，在对机械设备进行采购的过程中，采购人员应从工程施工建设角度出发，综合考虑机械设备的使用寿命、维修保养费用等。

（二）加强基本保养工作

加强高速铁路工程机械设备的基本保养工作，应做到以下几点：

（1）保证机械设备的所有部位不会出现漏油现象。

（2）保证机械设备所有部位的油路畅通，不出现阻塞情况。

（3）机械设备维修保养的工具应摆放整齐。

（4）齿条、齿轮箱以及油孔等位置要确保没有明显的污渍。

（5）保证机械设备放置环境的干净整洁。

（6）对油品质量要进行确认，保证其符合相关标准。

（7）机械设备在使用过程中，切不可出现超负荷工作的现象。

（8）在工作过程中，机械设备保养人员应严格遵守相应的规章制度，尽可能消除所有安全隐患。

（三）对维护保养手段进行创新

如今，传统的高速铁路工程机械设备保养规定已无法满足如今的需求，也无法跟上各施工单位的步伐。因此，各施工单位应对高速铁路工程机械设备的保养手段进行创新，并通过培训的方式来加强高速铁路工程机械设备保养人员的专业素质。一方面，相关单位可聘请一些综合素质较高的保养专家来企业进行定期的培训和讲授；另一方面，可组织保养人员定期到专业机构进行培训学习，从而使保养人员的机械设备维护理论的专业知识得到巩固，实践能力得到加强。现阶段，随着科学技术的快速发展，各种高新技术不断出现，新的技术成果被不断应用到生产实践当中，这就使高速铁路工程机械设备保养工作变得更加复杂，同时也对高速铁路工程机械设备保养人员提出了更高的要求。因此，要想保障高速铁路工程的质量，保证工程进度，高速铁路工程机械设备保养人员就要熟悉并掌握这些新技术，同时不断学习新的机械设备的工作原理，提高自身的保养技术，从而保证高速铁路工程机械设备能够满足施工需要，使高速铁路工程能够高效、顺利地进行下去。

（四）制定合理的交接班制度

高速铁路工程机械设备在投入使用以后，一般都会面临长时间不间断使用的情况，在这种高强度、高负荷的使用下，要想确保机械设备能稳定并长期运行下去，就需要建立合理的交接班工作制度，使机械设备在 24 小时内都能处于监控状态下。在进行交接班的过程中，交接人员必须对高速铁路工程机械设备进行巡视检查，确保各个部件的状况以及内部结构连接的稳固性都良好后，再根据机械设备自身的特点来进行针对性检查，从而确保机械设备的质量情况得到有效掌握。

要想提高高速铁路工程机械设备保养工作的质量，就要加强管理制度的建设，不断提高机械设备保养人员的专业技术水平，建立健全机械设备的日常保养机制，确保机械设备的保养工作能够及时并高质量地落实，延长机械设备的使用寿命，进而提高高速铁路工程的施工质量和施工效率。

第三节　高速铁路隧道施工机械设备维护保养及管理措施

一、高速铁路隧道施工中机械设备管理的重要性

隧道工程是高速铁路工程中的重要工程，且施工难度大，机械化率高，机械设备的生产效率对高速铁路隧道工程的施工效率的影响颇大。

在高速铁路隧道工程机械设备的管理与维护中，我们应当根据工程项目的实际情况，针对机械设备在管理与维护中出现的问题与存在的隐患，采取针对

性措施,积极解决相关问题。唯有如此,才能提高施工单位人力、物力以及财力资源的共同作用效果,进而推动工程项目经济价值和施工单位社会效益的实现与提升。此外,加强高速铁路隧道工程机械设备的管理与维护,可有效降低项目建设成本,有助于保质保量如期完成工程项目。

对于高速铁路隧道工程而言,要想保证铁路隧道工程施工质量,就要通过科学的管理方式对机械设备进行管理。首先,机械设备能协助人完成高难度的施工工作,减轻人的作业负担。其次,机械设备能提高铁路隧道工程施工效率,保证铁路隧道施工的精准度。一般情况下,施工效率与资金投入呈反比例关系,只有施工效率较快,资金投入才会较少,这样才能保证经济效益的最大化。

因此,我们要做好高速铁路隧道施工中机械设备的管理工作,保证机械设备在施工中都能正常运转,使机械设备在铁路隧道施工中发挥更大的作用。

二、高速铁路隧道机械设备的维护保养现状

(一)操作人员专业素养达不到要求

在目前基础设施建设工程中,绝大多数工人没有参加过任何专业培训,仅凭借自身经验进行摸索,缺少系统的机械设备维护保养知识。然而,高速铁路隧道工程所用机械设备的性能、操作程序、维护保养等内容需要相关人员具有一定的专业知识和技能,但是项目中人员流动性大,素质参差不齐,难以进行系统及长时间的培训。高速铁路隧道施工涉及的人员成分复杂,人数众多,很少有人熟练掌握机械设备的基本结构及原理、操作规范等内容。与其他工程的机械设备相比,高速铁路隧道工程机械设备使用不当造成的后果更为严重,会影响项目进度,甚至导致严重的工程事故。

（二）设备使用不规范

在高速铁路隧道工程施工中，施工单位往往将经济效益放在首位。为缩短项目建设工期，施工单位往往会安排不合理的加班，使得机械设备长时间处于工作状态，甚至超负荷运转。此外，施工单位会大量雇用临时工，这些人往往不知道正确使用机械设备的方法和条件，甚至会不按操作规范进行操作，这无疑会加速机械设备的老化和磨损。

（三）忽视维护

有些高速铁路隧道施工单位一味追求工程质量、工程进度和效率，使机械设备长期超负荷运转，忽略机械设备的日常维护保养。此外，由于施工单位对机械设备维护保养工作专业知识的认知不到位及重视度不高，认为只要在机械设备故障时对其进行维修即可，不注重日常检修，导致机械设备损耗逐渐累积，这一定程度上增加了施工的安全隐患。部分施工单位还存在维修浪费问题，如有些机械设备维护人员缺乏一定的保养知识和经验，用新零件替换可以维修的旧零件，增加设备维护成本。

三、高速铁路隧道机械设备的维护保养措施

（一）建立健全机械设备管理制度

在高速铁路隧道工程项目中，需要不断规范机械设备的管理制度，并以此为基础建立机械设备管理体系，从机械设备的购置、使用、维护等方面进行全方位管理，将责任落实到个人，促使机械设备的主要管理人员、维护人员、操作人员都能积极履行自身的职责，使机械设备的管理制度能够顺利实施下去。机械设备管理部门，还需要给每一台机械设备建立一个详细的档案，档案内容包括机械设备的运行记录、维修记录和保养记录等。这样一来，当机械设备出

现故障的时候就可以做到有章可循和有据可查。

（二）注重对高速铁路隧道施工机械设备管理人员的培训

机械设备的使用年限和操作人员的使用有很大的关系，提高设备使用人员的专业素养能有效延长设备的使用时间。因此，相关部门应做好机械设备管理人员的岗前培训，提高其专业知识和技能水平。此外，还要加强对管理人员的素质培训，使其认识到设备管理工作的重要性；加强对管理人员的考核，及时提高其专业知识和技能水平。例如，在实际施工过程中，机械设备的管理人员要积极了解机械设备的实际使用情况，正确操作设备。此外，相关单位可以组织施工人员参观高质量的管理现场，在参观过程中让施工人员记录重点内容；还可以提供更多培训机会，使施工人工掌握更多的管理方法，从而提升机械设备管理质量，减少管理不当带来的不良影响。

（三）及时更新机械设备

施工企业不仅要顾及眼前利益，更要从长远利益出发，严格执行机械设备报废制度，做好机械设备更新工作。在高速铁路隧道工程中，施工企业要坚决避免以高额成本持续使用陈旧设备，要以确保施工质量和安全为第一要务，选用新技术、新设备。此外，施工企业不得以任何借口使用国家明确禁止且淘汰的工程机械，防止产生工程事故隐患。

（四）严格执行机械设备的磨合规定

对于新的机械设备或大修过的机械设备，相关人员必须在机械设备使用的早期阶段进行磨合。这是由于新机械、新零件没有经过实际运转，构件接触面仍有些粗糙。如果机械设备未经磨合就进入条件较差的施工环境中全负荷运转，将极大地缩短机械设备的使用寿命。在磨合期应按照以下规定进行：

（1）在机械设备磨合期，负荷应减少为满负荷的80%左右进行磨合运转。

（2）磨合运转时转速应平稳，杜绝随意大范围改变机械的运转负荷，防止传动机构受到猛烈冲击。

（3）在磨合期间，应时刻注意并记录机械设备运转时的各项数据指标，对比机械设备说明书进行复核，以便及时发现机械设备存在的运转隐患，提前处理或联系厂家返厂维修。

（五）规范使用机械设备

任何机械设备都有一定的使用范围和使用条件，对于不同的机械设备，只有按照一定的标准和规定正确使用，才能最大限度地延长机械设备的使用周期，节约项目成本。

（六）做好机械设备的技术维修

在机械设备维修过程中，要突出科学、强制、可预见，以预防问题发生为主，避免小隐患发展成为影响施工进程的大故障。机械设备技术维修工作的主要内容包括机械设备的脱色、拧紧、润滑、调整和防腐等。在机械设备维修过程中，相关人员要总结机械设备磨损和损坏的规律，为合理订购零件、制订维修计划等提供可靠依据。

虽然目前我国高速铁路隧道工程机械化进程不断加快，但隧道工程机械设备的整体维修水平还不高。在高速铁路隧道机械化施工过程中，往往偏重施工进度的推进而不注意机械设备的维护，这往往缩短了机械设备的生命周期，造成更大的经济损失，严重的话还会导致安全事故。因此，相关部门应加强机械设备的维护保养，确保其工作状态良好，避免因机械设备故障造成施工延误的损失。

参 考 文 献

[1] 安进祥.高速铁路提运架设备作业中的管理要点分析[J].中国设备工程，2021（14）：79-80.

[2] 步真庆.铁路工程施工机械设备安全管理现状及对策分析[J].工程建设与设计，2019（19）：272-274.

[3] 曾慧.浅议J铁路企业固定资产管理[J].现代商业，2019（23）：114-115.

[4] 曾祥彪.分析铁路工程机械设备成本及安全管理[J].科技风，2018（17）：148.

[5] 陈博.铁路装卸机械设备管理和维修分析[J].中小企业管理与科技（下旬刊），2019（8）：44-45.

[6] 陈叔.大型专用设备在工程项目中的风险管理[J].建设机械技术与管理，2003（12）：55-60.

[7] 陈钰斌.有关铁路工程施工机械设备安全管理现状和对策分析[J].科技创新导报，2014，11（34）：168.

[8] 成荣亮.铁路项目建设中施工管理问题研究[J].中国新技术新产品，2014（7）：157.

[9] 程守民.铁路装卸机械设备管理与维修措施研究[J].设备管理与维修，2019（5）：32-34.

[10] 戴忠芳.机械设备和物资材料的集约化管理分析[J].绿色环保建材，2016（8）：232.

[11] 邓杰柏.铁路机械设备管理的模式与策略分析[J].智能城市，2021，7（24）：92-93.

[12] 冯娜娜，李源.铁路大型养路机械设备管理的模式与策略探究[J].南方农

机，2018，49（12）：36-37.

[13] 高德强.浅谈机械设备和物资材料的集约化管理[J].科技展望，2016，26（06）：166.

[14] 固本强基 推动项目管理迈上新台阶[N].中国铁道建筑报，2010-01-23（3）.

[15] 刘汝臣.规范项目管理 稳步提升施工能力 狠抓质量安全 确保企业长治久安：刘汝臣在工程项目管理暨质量安全管理现场会上的讲话（摘要）[N].中国铁道建筑报，2009-08-25（1）.

[16] 胡亚馨.铁路机械设备管理的模式与策略分析[J].居舍，2021（08）：150-151.

[17] 黄刚.如何加强铁路设备管理、使用与检修[J].哈尔滨铁道科技，2015（02）：34-35.

[18] 黄志宏.铁路货物装卸事故的安全分析及对策[J].上海铁道科技，2018（01）：27-28，48.

[19] 贾炳军.铁路施工过程中对机械设备的管理[J].城市建设理论研究（电子版），2016（28）：41-42.

[20] 贾丽君.建筑施工企业机械设备管理措施探讨[J].四川建材，2021，47（01）：203-204，212.

[21] 贾伟.物联网技术在设备管理中的应用[J].中小企业管理与科技（下旬刊），2016（10）：150-151.

[22] 蒋文.铁路施工中工程机械设备安全管理探讨[J].现代物业（中旬刊），2019（06）：117.

[23] 康博，张志勇.铁路工程施工现场机械设备的管理[J].四川水力发电，2019，38（S2）：14-16，24.

[24] 康高亮.建立高铁维修管理体系 加强安全基础建设管理 推进工务工作全面发展：在2011年全路工务工作会议上的讲话（摘要）[J].中国铁路，2011（02）：16-21，33.

[25] 康高亮.深入推进安全风险管理 深化工务维修体制改革[J].中国铁路，2016（1）：1-7.

[26] 兰刚.刍议铁路隧道施工机械设备维护保养及管理[J].建材与装饰，2020（15）：219-220.

[27] 乐园园.浅谈铁路大型养路机械施工中的设备管理[J].铁路采购与物流，2014，9（11）：94-95.

[28] 李成辉.铁路工程建设项目施工管理中存在的问题及对策探讨[J].中国建材，2020（6）：129-131.

[29] 李海军.铁路施工企业设备的现场管理分析[J].中国标准化，2019（04）：74-75.

[30] 李建升.浅析铁路机械设备管理的模式与策略[J].中小企业管理与科技（中旬刊），2014（4）：63.

[31] 李杰.浅谈铁路机务系统机械动力设备优化管理[J].中小企业管理与科技（下旬刊），2016（12）：45-46.

[32] 李龙振.铁路工务养路机械管用养修探索[J].中国高新技术企业，2014（9）：115-117.

[33] 李强.探索铁路隧道施工机械管理方法[J].四川水泥，2017（4）：11.

[34] 李振兴.浅谈铁路施工现场的管理与控制[J].设备管理与维修，2020（6）：32-34.

[35] 梁鸿勇.机车检修中设备维修管理的重要性[J].内燃机与配件，2019（20）：143-144.

[36] 梁忠伟.铁路施工和轨道交通工程机械设备的管理策略研究[J].企业技术开发，2016，35（15）：103，106.

[37] 刘浩.海外铁路施工项目中机械设备管理技术[J].工程技术研究，2020，5（8）：137-138.

[38] 刘军.浅议铁路施工企业机械设备的安全管理[J].四川水泥，2015（11）：271.

[39] 刘凯.有关铁路工程施工机械设备安全管理现状和对策分析[J].工程技术研究,2018(12):83-84.

[40] 刘良.铁路施工企业机械设备技术维护管理方法研究[J].江西建材,2016(07):197,199.

[41] 刘庆卫.提升海外铁路工程项目机械设备管理效能的途径[J].中国设备工程,2023(2):242-244.

[42] 刘翔.浅谈铁路施工项目设备管理方法与技巧[J].科技与企业,2014(06):7,9.

[43] 刘学敏.神华铁路大型养路机械设备零故障管理研究[J].铁道建筑,2014(06):153-155,164.

[44] 娄云飞.我国铁路大型养路机械发展与高职院校人才培养探讨[J].湖北农机化,2019(21):38.

[45] 卢少辉.分析铁路工程机械设备成本及安全管理[J].建筑技术开发,2019,46(1):72-74.

[46] 罗纲.浅析铁路施工现场工程机械设备的管理策略[J].中国设备工程,2022(5):74-75.

[47] 罗银光.探讨施工机械设备维修管理[J].四川建材,2013,39(6):242-243.

[48] 马海南.铁路施工企业机械设备安全管理现状及应对[J].石化技术,2019,26(1):166-167.

[49] 马浩雄.高速铁路项目质量管理影响因素及控制措施[J].科技信息,2010(8):169.

[50] 马庆峰.铁路货运装卸机械作业安全问题分析及对策[J].上海铁道科技,2014(2):22-23.

[51] 马武卫.铁路装卸机械设备管理与维修的探讨[J].铁道货运,2014,32(6):52-55.

[52] 马新华.铁路机械设备管理模式与管理策略创新思路[J].中国设备工程,

2022（21）：75-77.

[53] 米云龙.铁路机械动力设备技术信息管理系统技术分析[J].科技与企业，2014（18）：11.

[54] 牛志岗.提高机械设备管理水平和利用率的方法[J].设备管理与维修，2017（04）：25-27.

[55] 潘东.铁路桥梁项目施工质量管理的对策探讨[J].设备管理与维修，2020（08）：29-31.

[56] 裴萌.铁路施工企业的机械设备安全管理[J].设备管理与维修，2018（11）：17-18.

[57] 钱悦谨.铁路货运装卸现状分析及思考[J].上海铁道科技，2015（1）：119-120.

[58] 邱张博.施工现场机械设备管理探讨[J].科学技术创新，2018（6）：128-129.

[59] 任剑.铁路施工中工程机械设备安全管理策略[J].中华建设，2021（2）：46-47.

[60] 任乐春.加强铁路建设项目安全管理[J].现代职业安全，2014（8）：45.

[61] 尚厚启.铁路施工中工程机械设备安全管理措施[J].中国建材科技，2020，29（2）：70-71.

[62] 史文富.工程项目机械设备管理方法浅析[J].工程机械与维修，2021（3）：258-259.

[63] 孙松.铁路隧道施工机械设备维护保养及管理措施[J].设备管理与维修，2021（8）：8-9..

[64] 覃帅.铁路装卸机械设备管理与维修[J].设备管理与维修，2018（18）：22-23.

[65] 唐铁军.滇西地区铁路施工项目机械设备现场管理分析[J].设备管理与维修，2019（21）：18-20.

[66] 田文康.试论铁路施工和轨道交通工程机械设备的管理策略[J].山东工

业技术，2019（8）：133.

[67] 田永峰.铁路项目设备管理与维护[J].价值工程，2020，39（12）：54-55.

[68] 涂小华，张正."标动"时代铁路机械动力设备管理工作的优化研究[J].江西化工，2018（2）：72-74.

[69] 王贵勇，张爱国，雷瑜嘉.构建现代设备管理体系 打造装甲"神威"：内蒙古第一机械集团有限公司设备管理经验浅析[J].中国设备工程，2016（1）：18-21.

[70] 王利强.铁路企业机械设备管理[J].铁路采购与物流，2016，11（3）：59-60.

[71] 王玫.浅谈铁路电气化施工企业的机械设备管理[J].中华民居（下旬刊），2014（10）：361.

[72] 王清海.我国铁路施工项目中期成本控制存在的问题及对策探析[J].企业家天地（下半月刊），2014（4）：105-106.

[73] 王顺.铁路机械设备的配置思路和管理模式探讨[J].中国设备工程，2022（20）：31-33.

[74] 王瑛.高速铁路施工机械设备现场管理研究[J].工程建设与设计，2022（3）：232-234，244.

[75] 王永吉.浅谈高速铁路起重机械特种设备管理[J].居舍，2019（14）：181.

[76] 武根有.浅谈铁路工务养路机械动力设备管理[J].内蒙古科技与经济，2014（19）：34-35，37.

[77] 肖卿.建筑机械设备科学维护与安全管理初探[J].江西建材，2014（8）：256.

[78] 谢月明.浅谈高速铁路起重机械特种设备管理[J].建材与装饰，2018（18）：251-252.

[79] 邢芳，谢泽.基于UAF体系架构的高速铁路施工机械设备管理研究[J].工程机械与维修，2023（2）：85-89.

[80] 邢严伟.铁路施工项目设备管理模式探讨[J].建材与装饰，2018（9）：

280-281.

[81] 徐平.分析铁路机械设备管理的模式和措施[J].中小企业管理与科技（中旬刊），2020（10）：6-7.

[82] 杨茂盛.设备点检在大型养路机械管理中的应用[J].中国设备工程，2017（11）：32-34.

[83] 杨志国.高速铁路工程机械设备管理探讨[J].工程机械与维修，2020(6)：76-77.

[84] 易重庆.浅究铁路工程施工机械设备安全管理现状及对策[J].科技与企业，2016（6）：77.

[85] 于友.浅谈铁路工程机械施工安全管理[J].黑龙江科技信息，2016（24）：224.

[86] 于友.铁路工程施工机械设备安全管理现状及措施[J].黑龙江科技信息，2014（10）：191.

[87] 袁会勇.铁路施工企业机械设备技术维护管理[J].科学技术创新，2019（13）：177-178.

[88] 袁宇超.浅谈铁路工程现场施工机械设备管理[J].建设机械技术与管理，2020，33（S1）：21-23.

[89] 张鲁承.铁路企业如何开展大型养路机械设备管理效能审计[J].审计与理财，2019（2）：30-31.

[90] 张南.论技术管理在铁路施工项目中的重要性[J].山东工业技术，2016（19）：59.

[91] 张爽.铁路施工中工程机械设备安全管理措施分析[J].设备管理与维修，2021（6）：14-16.

[92] 张维.铁路工程机械设备管理存在的问题及解决方法[J].质量与市场，2020（23）：83-84.

[93] 张伟.既有铁路大型养路机械施工管理研究[J].运输经理世界，2022（12）：46-48.

[94] 张正铭.有关铁路工程施工机械设备安全管理现状和对策分析[J].内燃机与配件,2018(4):181-182.

[95] 赵帝伟.铁路施工过程中对机械设备的管理[J].四川建材,2020,46(3):200-201.

[96] 钟威.铁路工程施工机械设备安全管理现状及措施[J].设备管理与维修,2020(10):28-30.

[97] 朱飞.阿根廷铁路工程投标施工组织策划和报价探析[J].工程造价管理,2019(3):59-66.

[98] 朱戬,邱颖.浅析铁路机械设备管理的模式与策略[J].科技资讯,2019,17(20):81,83.

[99] 朱铁路.铁路隧道施工机械管理方法探究[J].山西建筑,2017,43(26):249-250.

[100] 朱砚东.工程机械维护管理中的问题及解决对策[J].设备管理与维修,2017(6):50-51.

[101] 朱振和.浅析铁路信号工程项目施工管理[J].科技创新与应用,2015(4):51-52.

[102] 邹洪良.谈铁路施工企业机械设备维护及管理[J].科技风,2017(16):162.